体育教学设计与实践研究

宋卫军　张金宝　郭　皓◎著

吉林出版集团股份有限公司
全国百佳图书出版单位

图书在版编目（CIP）数据

体育教学设计与实践研究 / 宋卫军，张金宝，郭皓
著. --长春：吉林出版集团股份有限公司，2024.3
ISBN 978 - 7 - 5731 - 4731 - 8

Ⅰ. ①体… Ⅱ. ①宋… ②张… ③郭… Ⅲ. ①体育教
学—教学设计—研究 Ⅳ. ①G807.01

中国国家版本馆 CIP 数据核字（2024）第 063345 号

体育教学设计与实践研究

TIYU JIAOXUE SHEJI YU SHIJIAN YANJIU

著　　者	宋卫军　张金宝　郭　皓
责任编辑	蔡宏浩
装帧设计	万典文化
开　　本	787 mm×1 092 mm　1/16
印　　张	7
字　　数	140 千字
版　　次	2025 年 3 月第 1 版
印　　次	2025 年 3 月第 1 次印刷
出　　版	吉林出版集团股份有限公司
发　　行	吉林音像出版社有限责任公司
	（吉林省长春市南关区福祉大路 5788 号）
电　　话	0431 - 81629679
印　　刷	吉林省信诚印刷有限公司

ISBN 978 - 7 - 5731 - 4731 - 8　　　定　价　58.00 元

如发现印装质量问题，影响阅读，请与出版社联系调换。

前 言

　　随着社会的不断发展和人们生活水平的提高，体育教育作为学校教育的重要组成部分，越来越受到重视。体育教学设计与实践研究旨在深入探讨如何更有效地组织和实施体育教学，提高学生的体育素养，促进学生全面健康发展。在当前社会背景下，体育教学不仅是学校课程的一部分，更是培养学生身体素质、提高综合素养的关键环节。然而，随着社会竞争的日益激烈，传统的体育教学模式已经难以满足学生多样化的需求。因此，对体育教学进行深入研究，探索更符合时代要求的教学设计和实践方式显得尤为迫切。

　　本书首先对体育教学设计的内涵与意义、体育教学设计的原则与依据、体育教学设计的特点与要求、体育教学设计的操作程序、体育教学设计的理论思考以及体育教学设计模式新构做了简要介绍；其次阐述了体育教学设计的思想基础，其中包括"寓德于体"教育思想、"寓智于体"教育思想、"寓美于体"教育思想以及"寓乐于体"教育思想；然后对体育教学目标设计与实践、体育课堂教学过程设计与实践进行了较大幅度的改进，最后从多维度阐述了体育教学评价设计与实践，充分反映了21世纪我国在体育教学设计与实践方面的前沿问题，力求让读者充分认识体育教学设计与实践研究的重要性和必要性。本书兼具理论与实际应用价值，可供高校体育教育相关工作者参考和借鉴。

　　体育教学设计与实践研究是一项旨在提高学生体育素养和促进全面健康发展的重要工作。在当前社会背景下，体育教育作为学校教育的关键组成部分，不仅仅关乎学生的身体健康，更涉及培养学生的团队协作精神、领导能力以及身心健康的全面素养。因此，通过深入研究体育教学设计和实践，我们可以更好地满足学生的多样化需求，提高教学效果。

目 录

第一章 体育教学设计概述

第一节 体育教学设计的内涵与意义

一、体育教学设计的内涵

在体育教学设计的最高层次，教学者需要明确总体理念和目标。这包括教学者对学生身心发展的理解、对体育教育目标的设定以及教学者所追求的核心价值观。总体理念的明确性将为后续教学设计提供基础。总体理念是教学者对于体育教育的基本信念和方向的表达。这可能涉及对身体活动在学生全面发展中的作用的理解，以及体育活动如何有助于培养学生的领导力、团队合作精神、自律性等品质。同时，教学者的核心价值观在总体理念中发挥着关键作用，这可能包括对公平竞争、尊重、合作等价值观的强调。教学者也需要明确体育教育的目标。这包括了学科性的目标，如学生在运动技能、战略认识等方面的提高，也包括了德育性的目标，如品德修养、团队协作等方面的培养。这些目标需要与整体教育体系的要求相一致，确保学生在体育教育中能够全面发展。总体理念和目标的清晰明确为后续的教学设计提供了指导方向。它们为教学者提供了一个坚实的框架，使得教学活动不仅仅关注于技能的传授，更注重于培养学生综合素养和价值观。这种综合性的理念和目标不仅有助于学生在体育活动中获得更全面的发展，也有助于培养他们终身参与体育活动的兴趣和习惯。

（一）课程目标和标准

体育教学者在教学设计中需要设定具体的课程目标，这些目标应该与整体理念相一致，以确保学生在技能、战略、团队合作等方面得到全面发展。同时，考虑到整体教育体系的要求，教学者需要关注相关的课程标准，以确保教学活动在教育体系中得以合理融入。明确的课程目标对于体育教学的成功至关重要。这些目标应该具体而明确，能够为学生提供清晰的方向。在技能方面，教学者可能设定目标，例如学生能够掌握特定运动的基本动作和技能，不仅仅是为了比赛表现，更是为了培养他们对体育活动的兴趣和参与的能力。战略方面的目标可能包括学生理解比赛规则、制定有效的战术和策略，以及在比赛中做出明智的决策。团队合作方面的目标则着眼于培养学生在集体活动中的合作和沟通能力，使其能够更好地与他人协同工作。这些目标的设定需要与整体理念相一致，即体育教育不仅仅是技能的传授，更是全面发展学生的身心素养。教学者可能强调在培养学生运动技能的同时，注重德育、个性培养、综合素养等方面的目标，以使学生在体育活动中获得更全面的成长。考虑到整体教育体系的要求，教学者需要对相关的课程标准有清晰的了解。这可能包括国家或地区教育体系规定的体育教育标准，以及学校内部设定的具体要求。这些标准可以为教学者提供一个框架，确保他们的教学活动在教育体系中得以合理融入，并能够为学生提供符合标准的体育教育。在考虑课程目标时，教学者还需要考虑学生的年龄、能力水平、兴趣等因素。不同年龄段的学生对体育的需求和理解有所不同，因此目标的设定需要具有一定的灵活性。此外，兴趣是激发学生参与体育活动的关键因素，因此课程目标的设定也应考虑到激发学生的兴趣，使其在学习体育知识和技能的过程中能够更加主动和积极。体育教学者在设定课程目标时应当注重目标的具体性、可测量性，并确保这些目标与整体理念相一致。同时，对相关的课程标准有清晰的了解，以确保教学活动符合教育体系的要求。通过合理设定课程目标，体育教学者能够为学生提供有针对性的体育教学，使其在技能、战略和团队合作等方面得到全面发展。

（二）体育教学内容和策略

体育教学内容和体育教学策略的选择是教学者在设计教学活动时至关重要的一环。通过科学合理的内容选择和灵活多样的体育教学策略，教学者能够更好地促使学生在体育领域获得丰富的经验和知识。

1. 体育运动的选择

在体育教学设计中，选择适当的体育运动是至关重要的，这需要考虑到学生的年龄、兴趣和教学目标。通过合理多样的选择，教学者能够更好地满足不同学生的需求，提高学生的参与度，使教学更加有趣和吸引人。学生的年龄是体育教学中一个重要的因素。不同年龄段的学生对体育运动的需求和兴趣有所不同。对于较小的学生，教学者可能更注重基础运动技能的培养，选择一些简单易学的体育项目，如跑步、跳跃、球类基础运动等。对于较大的学生，可以引入更具挑战性和复杂性的体育运动，如篮球、足球、橄榄球等，以满足他们对挑战的渴望。学生的兴趣是影响其参与体育活动的重要因素。教学者应当了解学生的兴趣爱好，尽量选择符合他们兴趣的体育运动。这可以通过与学生进行沟通、调查兴趣爱好等方式来获取。如果学生对传统体育项目兴趣不大，也可以尝试引入一些非传统的体育项目，如攀岩、飞盘、七人制橄榄球等，以激发学生的兴趣，提高他们对体育教学的投入度。体育教学的目标包括了学生在技能、战略、团队合作等方面的发展。根据教学目标的不同，选择适当的体育运动是必要的。例如，如果教学目标侧重于团队合作和协调性的培养，那么可以选择足球、篮球等团队性强的项目。如果目标是培养学生的个人技能和自主性，那么单人项目如游泳、田径等可能更为适合。

2. 游戏规则和战略技巧

在教学内容中，游戏规则和战略技巧的教授至关重要。学生需要了解运动的规则以及在比赛中如何运用战略技巧，这有助于培养他们的运动智慧。例如，在足球中，教学者可以深入解释足球比赛的规则，并教授防守和进攻的基本战略，使学生能够更好地参与和理解比赛。了解运动的规则是参与体育活动的基础。教学者需要向学生清晰明了地解释体育项目的规则，确保学生在比赛中遵循规则，不仅能够保障比赛的公平性和安全性，也能够培养学生的纪律性和对规则的尊重。例如，在足球中，教学者可以详细讲解足球比赛的各种规则，包括越位规则、犯规判罚等，以确保学生对比赛过程的理解和遵循。战略技巧的教授是体育教学中的关键环节。通过传授战略技巧，教学者能够提高学生在比赛中的认知水平、战术意识和运动智慧。例如，在足球中，教学者可以教授学生如何进行有效的进攻和防守、如何协作配合，以及如何在比赛中根据对手的情况做出合理的决策。这不仅有助于提高学生在具体运动项目中的表现水平，还培养了他们在不同情境下分析问题和灵活应对的能力。运动智慧是指在运动中能够理解和运用战略技巧的能力。通过深入的战略教学，学生可以逐渐培养出这种运动智慧。这种能力不仅在体育领域有所体现，还会对学生的日常生活和职业发展产生积极影响。运动智慧包括了对环境的适应性、对局势的判断、协作与沟通等多个层面的素养，这些素养在体育教学中得以培养和发展。为了更好地教授游戏规则和战略技巧，教学者可以通过实际操作和模拟比赛的方式来强化学生的学习。通过模拟比赛，学生能够将理论知识应用到实践中，更深刻地理解规则和战略。这种实践性的教学方法有助于巩固学生的学习成果，使其在实际比赛中更加游刃有余。考虑到学生个体差异，教学者可以采用个性化的教学方法，根据学生的水平和需求进行有针对性的教学。及时的个性化反馈是确保学生在游戏规则和战略技巧方面不断进步的关键。通过具体的反馈，学生可以了解到自己在比赛中的表现，更好地调整和改进。在体育教学中，游戏规则和战略技巧的教授是为学生打下坚实基础的关键环节。通过清晰地解释规则，传授有效的战略技巧，培养学生的运动智慧，教学者可以帮助学生更好地参与比赛，提高他们在体育领域的综合素质。这不仅对于学生的体育发展有积极作用，同时也培养了学生在日常生活和工作中面对挑战时的应变能力。

3. 基本技能和运动素养

除了特定的运动项目和规则，教学者在体育教学中还应该注重培养学生的基本技能和运动素养。这些基本技能和运动素养不仅是参与各种体育活动的基础，还对学生的全面发展和长期健康产生积极影响。通过系统的训练和活动，教学者可以帮助学生建立坚实的基础，使其更好地适应不同的体育活动，并在实践中不断提高运动水平。基本技能是体育活动的基石，包括跑步、跳跃、投掷等。这些技能是学生在不同体育项目中参与的前提。通过系统的训练，教学者可以帮助学生掌握这些基本技能，使其在各种运动中更加熟练和自信。例如，在跑步技能的培养中，可以通过定期的跑步训练，逐渐提高学生的耐力和速度，同时注重正确的跑步姿势和呼吸方式。除了具体的技能，教学者还应该注重培养学生的运动素养，包括灵活性、协调性、反应能力等。这些素养不仅在特定的运动项目中发挥重要作用，还有助于提高学生的整体运动水平。例如，在灵活性的培养中，可以通过拉伸和柔韧性训练，帮助学生提高关节的活动范围，减少运动伤害的发生。在协调性的培养中，可以通过各种协调性训练，如平衡练习和手眼协调训练，提高学生在运动中的控制能力。考虑到学生的个体差异，教学者可以制订个性化的训练计划，根据学生的特点和需求进行有针对性的培养。不同学生在基本技能和运动素养方面可能存在差异，因此需要个性化的训练来帮助他们充分发展潜力。这可能包括根据学生的水平设定不同难度的训练任务，或者针对性地进行特定技能和素养的强化训练。为了更全面地培养学生的基本技能和运动素养，教学者可以设计综合性的运动训练活动。这些活动可以涵盖多个方面，既包括基本技能的训练，也包括对综合素养的培养。例如，设计一场综合性的体育运动会，让学生在各种运动项目中轮流参与，既锻炼了他们的基本技能，也培养了团队协作和竞技精神。基本技能和运动素养的培养是一个长期的过程，需要持续的努力和训练。因此，教学者可以制订长期的发展规划，明确学生在不同阶段应该达到的技能水平和素养要求。通过有计划的训练，学生可以逐步提高自己的运动水平，形成良好的运动习惯和健康的生活方式。在体育教学中，除了关注特定运动项目和规则，培养学生的基本技能和运动素养同样重要。这不仅有助于学生更好地适应各种体育活动，还能够为他们的长期健康和全面发展奠定基础。通过系统的训练、个性化的计划和综合性的活动，教学者可以帮助学生建立健康的体育基础，使他们在运动中不断提高自己的水平。

4. 问题解决和合作学习

体育教学是培养学生综合素质的重要手段，通过问题解决和合作学习，教学者可以有效地培养学生的团队合作和解决问题的能力。特别是在球类运动中，设计团队游戏和合作学习可以激发学生的兴趣，促使他们在协同合作中不仅提高运动水平，还培养团队精神和沟通能力。在体育教学中，通过设计团队游戏，可以使学生在实际运动中体验团队合作的重要性。这些团队游戏可以包括传统的球类运动，如足球、篮球、排球等，也可以包括一些创新的团队活动，如绳网活动、接力赛等。通过这些游戏，学生需要在团队中紧密合作，共同解决面临的问题，既包括运动技能上的问题，也包括战术上的问题，从而促使他们更好地理解团队合作的重要性。问题解决是体育活动中不可避免的一部分。在球类运动中，教学者可以刻意安排一些问题情境，要求学生团队协作解决。例如，在足球比赛中，教学者可以提出某种战术问题，要求学生通过协同合作，找到最佳解决方案。这样的练习既能培养学生的解决问题的能力，同时也促进了团队之间的交流与合作。体育教学不仅仅是技能的传授，更是团队精神的培养。通过团队游戏和合作学习，学生在共同努力中培养了相互信任、相互支持的团队精神。在球类运动中，学生需要相互协同，密切配合，这不仅增强了团队凝聚力，也培养了学生在团队中扮演不同角色的能力。团队合作和问题解决需要学生进行有效的沟通。在体育教学中，教学者可以引导学生学会在运动中进行有效沟通。例如，在篮球比赛中，学生需要通过语言和手势进行沟通，协调队友的动作，共同应对对手的进攻。通过这样的实践，学生不仅提高了运动技能，还培养了在团队中进行沟通协作的能力。体育活动中的问题解决不仅仅是运动技能的问题，还包括了战术、策略和团队协作等方面。通过团队合作和问题解决的练习，学生逐渐培养了解决问题的思维。他们学会分析情境、提出解决方案，并在团队中加以实施。这种思维方式不仅在体育领域有用，同时也为学生将来面对各种问题时提供了一种积极主动的解决态度。通过团队合作和问题解决，学生在体育教学中实现了全面的发展。不仅锻炼了运动技能，还培养了团队合作、沟通协作和解决问题的能力。这种全面发展不仅对体育活动有益，同时也对学生日后的职业和社会生活具有积极的影响。通过问题解决和合作学习，体育教学不仅能够提高学生的运动水平，还能够培养他们的团队合作和解决问题的能力。这种培养方式不仅在体育领域有显著的效果，同时也为学生综合素质的发展奠定了坚实的基础。

5. 个体化反馈

及时的个体化反馈在体育教学中具有至关重要的作用。通过对学生的表现进行观察和评价，并为每个学生提供有针对性的反馈，教学者可以促使学生更好地理解自己的优势和不足，从而调整和改进自己的学习方法和运动技能。每个学生都是独特的，拥有不同的学习风格、能力水平和潜力。及时的个体化反馈能够帮助教学者更好地理解学生的个体差异，从而更有针对性地进行教学。观察学生的表现，了解他们在体育活动中的特点和需求，为制订个性化的教学计划提供有力的支持。个体化的反馈有助于促进学生的自我认知。通过清晰而具体的反馈，学生能够更准确地了解自己在体育运动中的表现，包括优势和不足之处。这种自我认知是学生进步的关键，能够激发他们对自身发展的动力，提高学习的主动性。及时的个体化反馈不仅包括指出学生需要改进的方面，也应注重提供积极的激励和认可。通过强调学生的优点和进步，教学者可以增强学生的自信心，鼓励他们继续努力。积极的反馈有助于建立积极的学习氛围，激发学生对体育活动的兴趣和热情。及时的个体化反馈为个性化教学提供了依据。了解每个学生的学习需求和发展方向后，教学者可以灵活调整教学方法和内容，以更好地满足学生的个体差异。这种差异化的教学方式有助于确保每个学生都能够在适应性的环境中取得更好的学习效果。通过个体化反馈，教学者可以与学生共同制定明确的学习目标。这样的目标应该既考虑到学生的优势，也包括需要提高的方面。设定明确的目标有助于激发学生的学习动力，使他们更有目的性地进行体育活动和学习。

及时的个体化反馈有助于建立师生之间的良好沟通桥梁。学生在了解教学者对他们的观察和评价后，更容易与教学者进行有效的沟通。这种沟通可以是双向的，学生可以提出问题、表达需求，而教学者也能更好地理解学生的反馈和感受。个体化反馈不仅对学生有益，也促使教学者反思和改进自己的教学方法。通过观察学生的反应和学习效果，教学者可以调整体育教学策略，不断提高个体化反馈的质量和效果，以更好地服务学生的学习需求。在体育教学中，及时的个体化反馈是确保学生个体差异得到充分关注的关键环节。通过对学生表现的深入观察和准确评价，教学者可以更好地引导学生的学习，促使他们在体育活动中不断成长和进步。这种个体化的关怀和指导有助于培养学生的自主学习能力，提高他们的学习动力，为他们的全面发展奠定坚实基础。

6. 多感官教学

体育教学不仅仅局限于口头讲解，还可以通过多感官教学来提高学生的学习体验。例如，在教学某项技能时，教学者可以通过演示、图示、实践等多种方式来呈现，以满足不同学生的学习需求。体育教学内容和体育教学策略的选择需要考虑到学生的多样性，注重个体差异，促进全面素质的培养。通过科学的内容设置和富有创意的体育教学策略，教学者能够在体育教育中激发学生的兴趣，提高他们的运动水平，并培养出具备团队合作、问题解决等综合素养的学生。这样的教学设计有助于将体育教育变得更加生动有趣，使学生在体育活动中享受学习的过程。在体育教学设计的层次中，组织教学内容、确定课程结构和安排是一个至关重要的环节。这包括了确定每堂课的主题、活动顺序、以及课堂管理策略等方面的考虑。整体的课程设计需要充分考虑学生的年龄、能力水平和兴趣等因素，以创造一个有利于学生全面发展的教学环境。主题的选择应与整体理念和课程目标相一致，体现出对学生全面素质的关注。例如，某一堂课可能以团队合作为主题，通过特定的体育活动或项目来培养学生的协作精神。主题的设定有助于给课程赋予一定的焦点，使学生在每堂课中都能集中注意力，更好地理解和掌握相关的知识和技能。确定每堂课的活动顺序和组织方式是课程设计的关键步骤。

教学者需要考虑到学生的能力水平和疲劳度，合理安排各项活动。例如，可以采用分阶段进行的方式，先进行热身活动，然后是技能训练，最后是实际应用或比赛，以确保学生在整个课程过程中能够保持积极的参与和学习状态。良好的课堂管理对于教学效果至关重要。教学者需要制定明确的课堂管理策略，以确保学生在课堂中能够安全、有序地参与。这可能包括对学生行为的规范和期望的明确说明，以及在需要时采取适当的激励和纠正措施。有效的课堂管理有助于创造一个积极的学习氛围，提高教学效果。在课程设计中，教学者必须考虑到学生的年龄、能力水平和兴趣等因素，以便更好地适应学生的差异性。这可能涉及采用不同难度的活动或不同教学方法，以确保每个学生都能够在适合自己水平的环境中学到东西。灵活性和个性化的设计有助于激发学生的兴趣，促使他们更积极地投入到体育教学中。课程设计的过程中，教学者还需要不断进行评估和调整。通过对学生的学习效果进行定期评估，教学者可以了解到学生的需求和进展，并及时调整课程设计，以更好地满足学生的学习需求。这包括可能对主题、活动顺序、课堂管理策略等方面进行的调整。在体育教学设计的这个层次上，教学者通过组织教学内容、确定课程结构和安排，为学生提供一个有序、安全、积极的学习环境。通过合理的主题选择、活动安排和灵活的课堂管理策略，教学者能够创造一个激发学生兴趣、培养综合素质的教学场景。

二、体育教学设计的意义

（一）体育教学具体课程目标设定

体育教学设计具有多层次的意义，不仅包括整体理念和目标设定，还涉及具体课程目标、教学内容和策略选择、课程组织和安排、体育运动选择、游戏规则和战略技巧教授、基本技能和运动素养的培养、分层教学和团队合作培养等方面。体育教学设计的最终目标是全面促进学生的发展，包括身体素质、技能水平、智力发展、团队协作等多个方面。通过整体理念和目标的设定以及具体课程目标的制定，体育教学致力于培养学生在各个领域的能力。体育教学设计的意义在于提高学生的体育素养。通过选择合适的体育运动、教授游戏规则和战略技巧，以及培养基本技能和运动素养，学生不仅能够掌握具体的运动技能，还能在体育活动中培养对规则的理解和运动智慧。教学内容和策略的选择是体育教学设计中的重要环节。通过设计有趣、富有挑战性的内容，采用多样化的体育教学策略，体育教学旨在激发学生对体育学科的学习兴趣，使其更加主动参与学习过程。体育教学的分层教学和团队合作培养层次的设置有助于培养学生的团队合作和分工协作能力。通过让学生在团队中合作完成任务，体验团队协作的重要性，培养他们的沟通、协调和领导能力。分层教学和个性化的考虑有助于更好地满足不同学生的学习需求。每个学生在不同方面有着不同的兴趣、能力和学习方式，体育教学设计的多层次设置有助于确保每个学生都能在适应性的环境中得到发展。体育教学设计中评估和反馈的设立有助于提高学生的参与度。学生通过及时的个体化反馈了解自己的优势和不足，有助于激发他们对学习的兴趣，增强学习动力。体育教学的最终目标之一是促进学生的终身体育素养。通过培养学生的兴趣、技能和运动意识，体育教学设计有助于使学生在日常生活中保持积极的体育参与，维持身体健康。体育教学设计不仅仅是知识和技能的传授，还涉及培养学生的自主学习和解决问题的能力。通过问题解决和合作学习等体育教学策略，体育教学有助于培养学生主动学习和独立思考的习惯。体育教学设计的层次分明，从整体理念到具体实践，每个层次都有其独特的意义。通过合理的设计，体育教学能够更好地达到全面培养学生、提升学生体育素养的目标，为学生的未来发展奠定坚实基础。

（二）教学内容和策略选择

在确定课程目标之后，教学者需要精心选择适当的体育教学内容和策略。这个过程是至关重要的，因为正确的选择有助于激发学生的学习兴趣，提高他们的参与度。选择有趣且具挑战性的体育教学内容和策略可以激发学生的学习兴趣。兴趣是学习的强大驱动力，通过设计引人入胜的教学内容，教学者能够吸引学生的注意力，让他们更乐意投入到学习过程中。适当的体育教学策略能够提高学生的学习参与度。这包括采用多样化的教学方法，如小组活动、实践操作、讨论等，使学生积极参与课堂，发表观点，分享经验，从而提高整体学习氛围。教学内容和策略的选择直接影响学生的认知和技能发展。通过选择合适的教学内容，教学者能够提供清晰、有条理的知识框架，有助于学生更好地理解和掌握相关概念。同时，巧妙选择体育教学策略可以帮助学生将理论知识转化为实际操作能力。不同学生有不同的学习风格和兴趣爱好。因此，教学者在选择体育教学内容和策略时需要考虑学生的差异性。差异化的教学可以满足不同学生的需求，使每个学生都能在适应性的环境中取得进步。恰当选择体育教学内容和策略有助于提高教学效果。有效的教学内容能够确保学生理解关键概念，而适当的体育教学策略能够激发学生的主动学习，提高信息的吸收和记忆效果。这有助于实现教学目标，使学生更好地掌握所学知识和技能。体育教学内容和策略的选择应当关注学生综合素质的培养，包括身体素质、团队合作、领导力等方面。通过多样性的体育活动和相应的体育教学策略，教学者可以在培养学生的同时促进其全面发展。精心选择体育教学内容和策略还可以培养学生对体育的热爱。通过设计有趣而具挑战性的体育活动，教学者能够让学生在参与中感受到乐趣，建立积极的体育态度，从而增强他们对体育的热情。教学者选择体育教学内容和策略时，还应考虑如何促进学生的自主学习。通过设计具有探究性质的活动、鼓励学生提出问题和寻找解决方案，可以培养学生的自主学习能力，使其更具独立思考和解决问题的能力。

（三）课程组织和安排

在确定教学内容和策略后，教学者需要精心组织这些内容，并合理安排课程结构。同时，考虑学生的年龄、能力水平、兴趣等因素是至关重要的，有助于更好地适应教学环境。教学者需要根据教学目标和选择的教学内容，有条理地组织课程。这包括确定每个教学单元的主题、教学重点和难点，确保教学内容的逻辑性和连贯性。组织教学内容有助于学生更好地理解和掌握所学知识。在组织教学内容的同时，合理安排课程结构至关重要。教学者应考虑到课程的整体框架，确保各个教学环节之间有机衔接，避免出现信息断层。合理安排课程结构有助于提高教学效果，使学生更容易理解和吸收知识。学生的年龄、能力水平、兴趣等因素都会对学习产生影响。因此，教学者在组织课程时需要考虑学生的特点和差异，采用灵活的教学方法，以适应不同学生的需求。例如，对于年龄较小的学生，可以通过游戏和趣味性的活动来激发兴趣。基于学生的特点，教学者可以制订适应性教学计划，使课程更贴近学生的实际情况。这包括在教学中融入学生感兴趣的元素，提供多样化的学习资源，以及根据学生的学习风格调整教学方法。合理安排教学时间和节奏是确保教学有效进行的重要方面。教学者应根据学生的注意力持久性和年龄特点，合理安排每个教学环节的时间，确保在一个时间段内不会出现过于冗长或紧张的情况。在组织课程时，教学者可以设计一些引导学生自主学习的环节。这包括提供一定的自主学习任务、激发学生提出问题和讨论的兴趣，从而培养学生的自主学习能力和批判性思维。组织课程的过程中，教学者应努力创造积极的学习氛围。通过鼓励学生积极参与、互动交流，以及提供正向的学习反馈，可以激发学生的学习热情，增强他们对学科的兴趣。在组织课程的过程中，可能会遇到各种教学挑战，如学生的不同理解程度、学习速度差异等。教学者需要灵活应对这些挑战，及时调整教学计划，采用不同的体育教学策略，确保每个学生都能够在适应性的环境中学到知识和技能。

第二节　体育教学设计的原则与依据

一、体育教学设计的原则

（一）体育教学的整体理念和目标

在体育教学设计的最基础层次，整体理念和目标的确立是至关重要的原则。这一层次的原则奠定了教学设计的基础，为后续的设计提供指导。整体理念和目标的确立有助于明确教学的方向和目标。教学者通过对学生身心发展的理解和对体育教育目标的设定，能够确保教学活动在整体上具有方向性和一致性。这有助于构建一个有序的教学框架，使教学活动更有针对性和意义。整体理念和目标为教学提供了明确的指导。教学者可以根据自己对学生身心发展的理解，设定具体而可行的教学目标。这些目标可以作为教学活动的基准，指导教学者在课堂上的行为和决策，确保教学活动与整体目标保持一致。整体理念和目标提供了教学设计的基础。教学者在制定具体教学计划时，可以根据整体理念和目标来选择合适的教学内容、方法和评估方式。这确保了教学设计与整体理念相契合，有助于实现预期的教学效果。整体理念和目标的确立促使教学者思考并明确核心价值观。这包括对体育教育的信仰和价值观，以及对学生综合发展的期望。通过明确核心价值观，教学者能够在教学中传递积极的价值观，引导学生在体育活动中培养正确的态度和价值观。

整体理念和目标有助于增强教学的系统性和综合性。教学者在确立整体理念和目标时，通常会考虑学生在不同方面的发展，如身体素质、认知水平、社交能力等。这使得教学更全面，更能够满足学生多层次的需求。整体理念和目标不仅仅局限于短期的教学目标，还提供了教学的长期导向。教学者可以通过设定长期目标，为学生提供更广阔的发展路径，鼓励他们在体育领域中持续学习和进步。整体理念和目标的确立有助于增强教学者的教学动力。当教学者明确了教育目标并将其纳入整体理念时，他们更容易在教学过程中保持积极性和动力。这使得教学者更有信心和激情地投入到教学工作中。在体育教学设计中，整体理念和目标的确立是设计的出发点和基础。它为教学提供了明确的方向，使得教学者能够更系统地规划和组织教学活动，为学生提供有意义的体育教育。

（二）适应性与差异化

适应性与差异化原则在体育教学设计中的重要性不可忽视。这一原则强调教学者需要充分考虑学生的差异性，以确保每个学生在适应性的环境中都能够有效学习体育知识和技能。学生的年龄是影响其身体发育、认知水平和兴趣爱好的重要因素。适应性与差异化原则要求教学者根据学生的年龄特点，调整教学内容和方法。对于年龄较小的学生，可以通过游戏和趣味性的活动激发其兴趣；而对于年龄较大的学生，可以注重深入的技能训练和战略性的教学。学生在体育方面的能力水平存在差异，适应性与差异化原则要求教学者制订灵活的教学计划，以满足不同学生的能力需求。对于初学者，可以从基础技能入手，逐步引导其进入更高层次的学习；而对于有经验的学生，可以提供更复杂、深入的教学内容，以挑战其技能水平。学生对体育活动的兴趣和偏好也存在差异。适应性与差异化原则鼓励教学者在教学设计中考虑到学生的兴趣，并尽量融入能够引发学生兴趣的元素。通过选择学生感兴趣的体育项目或运动，可以增强他们对学习的积极性，使学习更加愉悦和有效。

分层次的体育教学策略是适应性与差异化原则的具体体现。教学者可以根据学生的差异性，采用不同难度和复杂度的任务，将学生分组进行教学。这有助于确保每个学生都在适应性的环境中学到知识和技能，避免因个体差异而导致部分学生学习的困难或退缩。适应性与差异化原则强调体育教育不仅关注学生的整体发展，还要注重个体发展和进步。教学者应该根据每个学生的特点，制订个性化的教学计划，鼓励学生在自己的能力范围内不断进步，而不仅仅是追求统一的标准。通过差异化的学习体验，学生可以在适应性的环境中更容易取得成功。成功体验有助于建立学生的自信心，激发他们对体育学科的兴趣。教学者可以通过肯定学生的个体进步，增强他们对学习的信心，培养积极向上的学习态度。适应性与差异化原则是体育教学设计中的基本原则之一，它强调了个体差异性的尊重和关注。通过采用分层次的体育教学策略，教学者可以更好地满足不同学生的需求，使每个学生都在适应性的环境中获得良好的学习体验。这有助于提高整个班级的学习效果，实现更全面的体育教育目标。

（三）学生参与与互动

学生参与与互动是体育教学设计中至关重要的原则。这一原则强调了学生在学习过程中的积极参与，以及与他人的互动交流。学生参与与互动能够促进深层次的学习。通过积极参与课堂活动，学生不仅仅是被动接受知识，更是通过实践和互动深入理解体育知识。这种深层次的学习有助于知识的牢固掌握和运用。体育教学中，团队合作和沟通技能是至关重要的。设计能够激发学生积极参与的教学活动，如小组合作、团队项目等，有助于培养学生的团队合作和沟通技能。这些技能不仅在体育活动中有用，也在学生的日常生活和职业发展中发挥重要作用。积极的参与和互动设计能够提高学生的参与度和兴趣。当学生感到他们是学习过程中的重要角色，而不仅仅是被动的接收者时，他们更有动力参与学习。这有助于创造一个积极向上的学习氛围，激发学生对体育教育的兴趣。学生参与与互动原则鼓励学生在学习过程中发挥主动性。通过互动讨论、问题解决等活动，学生被鼓励提出问题、分享看法，并在小组中共同解决问题。这有助于培养学生的自主学习能力和批判性思维。实践是体育教学的重要组成部分，而学生的参与与互动为他们提供了更多的实践机会。通过参与实际的体育活动、运动技能训练和战略性的合作，学生能够将理论知识应用于实际情境中，增加学科实践经验。积极的参与和互动创造了积极的学习氛围。当学生感受到自己的意见和贡献受到重视时，他们更愿意积极参与到课堂活动中。这种积极的氛围有助于建立良好的师生关系，提高学生对学科的热情。互动和参与设计有助于促进知识的分享和交流。学生可以通过互动讨论、小组分享等方式，分享他们在体育领域的经验和见解。这种交流有助于开阔学生的视野，激发更多的学习兴趣。学生参与与互动是体育教学设计中的基本原则，它不仅能够促进学科知识的深层次理解，还有助于培养学生在团队合作和沟通方面的技能。通过创造积极的学习氛围，教学者能够激发学生对体育教育的兴趣，使学习更加有趣和有意义。

（四）实践和理论相结合

多样性与综合性原则在体育教学设计中具有重要意义，它强调了教学内容和方法的多样性，以满足不同学生的需求，培养学生全面的体育素养。多样性与综合性原则考虑到学生的差异性，包括技能水平、兴趣爱好等。通过引入不同的体育运动、活动和教学方法，教学者能够更好地满足学生多样化的需求，确保每个学生都能在学科中找到适合自己的发展路径。体育教育不仅仅是某一特定运动的学习，还应涵盖多个方面，如技能、战略、身体素质等。多样性与综合性原则有助于促进学科全面发展，使学生在多个方面都能够得到锻炼和提高，培养全面发展的体育素养。引入多样的体育运动和活动有助于激发学生对体育学科的兴趣。学生在多元化的体育活动中有机会体验不同的运动项目，增加对体育的探索和兴趣。这有助于提高学生的学科参与度和投入程度。多样性与综合性原则确保了教学内容的丰富性。通过引入不同的体育运动和活动，教学者可以设计更加丰富多彩的教学内容，使学生在学科中获得更为广泛的体验和知识。体育教育旨在培养学生的综合运动能力，而多样性与综合性原则正是为了实现这一目标而设计的。学生通过接触不同的运动项目和活动，能够发展和提高不同领域的运动技能，从而培养全面的综合运动能力。不同学生具有不同的学习风格，有些可能更偏好个人训练，而有些可能更喜欢团队合作。多样性与综合性原则允许教学者采用不同的教学方法，以适应和尊重不同学生的学习风格，提高他们的学习效果。综合性原则强调的不仅仅是体育技能的培养，还包括战略思维、团队协作等跨学科的能力。通过涵盖多样的体育运动和活动，学生能够在跨学科的层面上培养综合的能力，为其未来的发展提供更全面的素养。多样性与综合性原则是体育教学设计的基本原则之一，它强调了在体育教学中应当考虑到学生的多样性，并通过多样的体育运动和活动以及综合性的教学方法，培养学生全方位的体育素养。这有助于使体育学育更加丰富、有趣，并促进学生在多个方面的全面发展。

二、体育教学设计的依据

（一）课程目标

在体育教学中，设定具体的课程目标是确保教学活动对学生的综合发展有针对性和有效性的重要步骤。这一过程需要与整体理念相一致，并考虑到相关的课程标准。设定课程目标应与整体理念相一致，确保每个教学活动都是整个教学计划的有机组成部分。整体理念通常包括对学生身心发展的理解、体育教育的核心价值观等。课程目标的一致性有助于形成统一的教学方向，确保每堂课都有助于整体教学目标的达成。课程目标的设定应综合考虑学生在技能、战略、团队合作等方面的发展。这意味着教学者需要明确期望学生在哪些方面取得进步，并通过设定具体目标来引导教学活动。例如，课程目标可以包括提高学生的基本运动技能、加强战略思维能力以及促进团队协作和沟通等方面。教学者在设定课程目标时需要考虑相关的课程标准。这包括学校或地区颁布的体育教育标准，确保教学活动符合教育体系的要求。课程标准可以提供一个参考框架，帮助教学者确保课程目标具备教育合规性和可比性。课程目标的设定需要考虑学生的特征和需求，包括年龄、技能水平、兴趣等因素。不同年龄段的学生可能有不同的发展需求，因此目标应该具有适应性。此外，了解学生的兴趣可以使目标更具吸引力，激发学生的学习动机。课程目标应该是可测量的，以便能够对学生的进步进行评估。通过明确目标，教学者可以更容易地设计评估方法，了解学生是否达到了预期的水平。可测量的目标有助于量化学生的表现，为个体化反馈提供客观的依据。课程目标的设定应考虑学生的持续性发展。这包括设定短期和长期的目标，以确保学生在不同阶段都有明确的方向。通过设定阶段性目标，教学者可以更好地引导学生在整个学年或学期内逐步提升其体育素养。课程目标应反映体育教学者所追求的核心价值观。这可能包括培养学生的自律性、团队协作精神、公平竞争意识等。通过设定与核心价值观一致的目标，教学者能够在教学活动中强调重要的品质和价值观。在整个教学设计过程中，设定具体的课程目标是确保教学活动有针对性和指导性的关键一环。这有助于学生在体育学科中实现全面发展，同时确保教育活动符合相关标准和理念。

（二）教学内容和体育教学策略的选择

在体育教学中，教学者需要仔细确定教授的技能和知识，并选择合适的体育教学策略以确保教学的针对性和有效性。教学者需要明确教授的技能和知识。这可能涉及多个方面，包括基本的运动技能（如跑步、跳跃、投掷）、特定体育项目的技术要点、游戏规则、战略技巧等。教学者应该根据学生的年龄、能力水平以及教学目标来确定这些内容。选择教学内容时，必须考虑学生的年龄和能力水平。不同年龄段的学生对技能和知识的吸收能力不同，因此教学者需要调整内容的复杂度和深度。此外，考虑到学生的能力差异，可能需要采用分层教学的策略，以确保每个学生都能够理解和掌握教学内容。选择适当的体育教学策略对于有效地传授技能和知识至关重要。体育教学策略可以包括：通过教师的示范或模仿优秀表现，学生可以更直观地理解和学习技能。通过言语解释和实际演示，教学者可以详细说明技能和知识的要点。促使学生在小组中合作学习，共同解决问题，提高团队合作能力。将教学活动设计成有趣的游戏，激发学生的兴趣和积极性。及时提供个体化的反馈，帮助学生纠正错误，改进表现。

教学者应确保教学内容和策略的多样性，以满足不同学生的学习风格和兴趣。引入不同类型的体育运动、游戏规则、战略技巧，使学生能够在多个方面得到锻炼，促进全面发展。教学者还需要考虑教学环境，包括可用的设备、场地和时间。确保所选择的教学内容和策略适应当前的教学条件，以提高教学效果。为了巩固学生学到的技能和知识，教学者应该包括实践和练习环节。通过反复的实际操作，学生可以更好地掌握体育技能，并在实践中逐渐提高水平。考虑到学生的差异，个性化的关注是教学中的关键。了解每个学生的需求和学习风格，有针对性地调整教学内容和策略，确保每位学生都能够在适应性的环境中学到东西。通过仔细确定教学内容和选择适当的体育教学策略，体育教学者能够更好地满足学生的学习需求，提高教学效果。这涉及灵活运用不同的教学方法，以促进学生在技能和知识方面的全面发展。

（三）团队合作与问题解决

在体育教学中，通过问题解决和合作学习培养学生的团队合作和解决问题的能力是一种有效的体育教学策略。教学者可以有意识地设计体育活动，特别是团队游戏，以促进学生之间的团队合作。这可能包括球类运动、团队竞技和合作性的锻炼。通过这些活动，学生被引导在团队中协同合作，共同完成任务。在问题解决和合作学习中，强调集体目标是非常重要的。学生需要理解，通过团队的合作，不仅仅是个体的成功，更是整个团队共同取得胜利。这有助于培养学生的集体责任感和团队合作精神。在合作学习中，学生需要进行团队讨论，共同制定解决问题的策略。这促使学生提高沟通和交流的能力，学会倾听他人的意见，共同做出决策。通过实时的团队互动，学生能够在实践中获得反馈，了解团队合作中的优势和不足。这有助于他们及时调整策略，更好地适应团队合作的需求。问题解决和合作学习使学生面对各种挑战，包括运动技能的应用、战术调整和团队战略等。通过解决这些问题，学生不仅提高了运动水平，还培养了解决问题的能力。在解决问题的过程中，学生被激发思考创新的解决方案。这有助于培养他们的创新思维和灵活性，不仅仅在体育活动中，更可以应用到日常生活和学业中。

通过团队合作和问题解决，学生在运动中全面提高身体素质。团队活动涉及多样的运动技能和协同动作，有助于提高学生的身体协调性、柔韧性等。解决问题和团队合作也涉及心理素质的培养，如耐心、应对压力的能力等。这对于学生的心理健康和应对各种挑战的能力有着积极的影响。团队合作和问题解决在体育教学中提供了学生建立积极社会关系的机会。通过共同努力、互相支持，学生之间建立起强大的友谊和合作关系。通过共同取得成功和解决问题，学生体验到集体欢乐的乐趣。这有助于形成积极向上的学习氛围，激发对体育活动的热情。在体育教学中，问题解决和合作学习为学生提供了一个全面发展的平台，不仅能够提高运动技能，更能培养团队合作、解决问题的能力，为他们未来的学习和生活打下坚实基础。

第三节 体育教学设计的特点与要求

一、体育教学设计的特点

在体育教学设计的最高层次，整体性是一个至关重要的原则。这包括了教学者对学生身心发展的理解、对体育教育目标的设定以及核心价值观的追求。教学者需要从综合性的角度理解学生的身心发展。这不仅仅包括体育方面的发展，还关注学生在运动中的心理、社交、情感等各个层面的成长。教学者应当考虑到学生个体之间的差异，因为每个学生在身心发展上都有独特的特点和需求。这有助于制订更为个性化和有针对性的教学方案。教学者需要明确体育教育的目标，这包括学生在技能、体能、战略思维、团队协作等方面的全面发展。这些目标应该与整体教育理念相一致。体育教育不仅仅是培养学生运动技能，还应该注重培养其综合素养，包括健康意识、团队协作能力、领导力等方面的发展。教学者在整体设计中应当注重培养学生的道德品质和价值观。体育活动提供了培养团队合作、公平竞争、尊重对手等价值观的独特机会。体育教学设计应当有助于学生的人格塑造，培养积极向上的品格特质，例如坚持不懈、团队合作、公平竞争等。教学者需要采用综合的体育教学策略，包括示范、练习、小组合作、讨论等。这有助于从多个角度促进学生的全面发展。整体性的教学设计还可以考虑到与其他学科的融合，使学生在体育教育中能够综合运用不同学科的知识和技能。教学者需要具备综合的体育知识和教学技能，以更好地指导学生的整体发展。这包括对运动技能、运动生理、心理健康等方面的深入了解。教学者还需要具备情感智慧，能够理解和回应学生的情感需求，建立积极的学习环境。整体性的体育教学设计确保了教学过程的有机性和协调性。通过将学生的身心发展、教育目标和核心价值观统一融入设计中，教学者能够更好地引导学生实现全面的个体发展。这一整体性的设计理念有助于提高体育教学的效果，培养学生成为全面发展的、具有健康价值观的公民。

确立统一的教学理念是体育教学设计的基础，它包括对学生发展的关切、对体育教学目标的明确追求以及教学者对核心价值观的坚守。教学者的教学理念应该从全面性的视角出发，不仅关注学生在体育方面的发展，还包括其身心、社交、情感等各个方面。这种关切有助于制订更为全面和个性化的教学计划。教学理念应体现对学生个体差异的尊重，因为每个学生都有独特的学习风格、兴趣和能力。理念的制定要充分考虑到这些差异，以创造更适应性的学习环境。教学者的理念应该明确追求学生在技能、战略、团队协作等方面的综合发展。这种目标不仅仅局限于培养运动员，更包括培养具有全面素质的个体。教学者的理念中应体现对于价值观的关注，例如公平竞争、尊重对手、团队协作等价值观。这有助于培养学生积极向上的运动道德和良好的行为习惯。教学者的理念应该表达其对核心价值观的坚守。这种一致性有助于形成积极的学习氛围，为学生树立榜样，引导他们培养正面的人生观。教学者的理念中应该包含对于教育使命的承担，即通过体育教育为学生的成长和发展提供有益的引导。这有助于使教学者在教育过程中保持明确的方向。教学理念应该成为教学行动的指南，具体体现在课堂教学中。教学者在制订具体教学计划时，要根据理念来选择教学方法、评估方式以及与学生互动的方式。教学者的理念也应具备反思和调整的能力。随着学生群体、教育环境等因素的变化，理念可能需要不断调整，以保持对教育目标的有效引导。确立统一的教学理念不仅是教学设计的起点，更是教育者在教学生涯中持续前进的方向。这种理念的明确性和坚守性有助于教学者更好地引导学生，培养他们的全面素质，使他们在体育教育中受益终生。

（一）明确体育教学的课程目标

设定明确的课程目标是体育教学设计的重要组成部分，这些目标应与整体理念相一致，涵盖学生在技能、战略、团队合作等方面的发展。课程目标应包括学生在具体体育运动和技能方面的发展。这可能涉及不同运动项目中的基本技能，如传球、投篮、接球、跑步等。除了技能，目标还应关注学生在运动中的战略思维能力。这包括了解比赛规则、制定战术策略、适应对手变化等方面。目标还应强调团队合作的重要性。学生需要培养在集体运动中与队友协同合作的能力，共同达成团队目标。课程目标应具体而可衡量，使学生和教学者都能清晰地了解期望达到的水平。例如，提高投篮准确率、改善团队战术协作等。这些具体目标应与整体理念相一致，反映教学者对学生全面发展的期望。目标的设定应服务于整体理念所追求的教育价值和目标。考虑到学生个体差异，课程目标可以根据学生的不同兴趣、水平和学习风格进行个体化调整。这有助于激发每个学生的学习动力。课程目标应具有一定的适应性，以满足不同学生的需求。这可以通过设定一定的灵活性和可调整性来实现。目标的设定应与相关的课程标准和教育体系相一致。这确保了体育教学活动符合整体教育系统对学生发展的要求。课程目标也是评估和反馈的依据，通过评估学生的表现，教学者可以更好地了解目标是否达成，并为学生提供有针对性的反馈。目标的设定应考虑到学生在长远内的发展。培养学生的体育技能不仅是为了短期内的比赛，更是为了他们未来的健康和全面素质的发展。课程目标也可以包括培养学生对体育运动的兴趣，促使他们在未来能够持续参与体育活动，享受运动的乐趣。设定明确的课程目标有助于使体育教学更有针对性和有效性。这些目标不仅指导学生在具体技能上的提高，更促使他们在体育活动中形成全面的素质和积极的态度。

考虑相关的课程标准是体育教学设计中的重要步骤，它确保了教学活动符合相关教育体系的要求，使体育教育与整体教育体系相衔接。课程标准是教育体系中的核心框架，规定了学生在不同学科和领域应达到的要求。体育教学者需要了解并考虑这些标准，以确保体育教育在整体教育中的地位和贡献。通过考虑课程标准，教学者可以将体育教育与其他学科融为一体。这种跨学科的融合有助于提供更全面、综合的学习体验，使学生在不同领域都能得到发展。体育课程标准通常包含学科知识和技能方面的要求。教学者在设计教学活动时应确保这些专业技能得到传授和培养，使学生在体育领域取得实质性进展。教学者可以通过了解课程标准的深度和广度，更好地为学生提供深入的学科知识，促使其在特定领域内建立坚实的基础。课程标准通常强调学生在多方面的综合素养。体育教学者可以通过体育教育活动培养学生的综合素质，如领导力、团队协作、沟通能力等。了解课程标准有助于教学者更好地个性化发展学生，根据标准为每个学生设定合适的目标，以满足其个体差异和需求。教学者在制定评估方法时可以参照课程标准，确保评估是全面而有深度的。这样的评估有助于准确衡量学生在体育方面的发展水平。了解课程标准可以使教学者更有针对性地为学生提供反馈。通过与标准的对比，教学者可以指导学生明确改进的方向，促使其更好地达到标准。课程标准的考虑有助于体育教学者持续改进教学设计和实践。定期检视标准，及时调整教学活动，确保教学质量和效果得到提升。教学者在考虑课程标准时，能够使体育教育的目标与整体教育目标保持一致，促使学生在各方面全面发展。

考虑相关的课程标准是体育教学设计中的重要步骤，它确保了教学活动符合相关教育体系的要求，使体育教育与整体教育体系相衔接。课程标准是教育体系中的核心框架，规定了学生在不同学科和领域应达到的要求。体育教学者需要了解并考虑这些标准，以确保体育教育在整体教育中的地位和贡献。通过考虑课程标准，教学者可以将体育教育与其他学科融为一体。这种跨学科的融合有助于提供更全面、综合的学习体验，使学生在不同领域都能得到发展。体育课程标准通常包含学科知识和技能方面的要求。教学者在设计教学活动时应确保这些专业技能得到传授和培养，使学生在体育领域取得实质性进展。教学者可以通过了解课程标准的深度和广度，更好地为学生提供深入的学科知识，促使其在特定领域内建立坚实的基础。课程标准通常强调学生在多方面的综合素养。体育教学者可以通过体育教育活动培养学生的综合素质，如领导力、团队协作、沟通能力等。了解课程标准有助于教学者更好地个性化发展学生，根据标准为每个学生设定合适的目标，以满足其个体差异和需求。教学者在制定评估方法时可以参照课程标准，确保评估是全面而有深度的。这样的评估有助于准确衡量学生在体育方面的发展水平。了解课程标准可以使教学者更有针对性地为学生提供反馈。通过与标准的对比，教学者可以指导学生明确改进的方向，促使其更好地达到标准。课程标准的考虑有助于体育教学者持续改进教学设计和实践。定期检视标准，及时调整教学活动，确保教学质量和效果得到提升。教学者在考虑课程标准时，能够使体育教育的目标与整体教育目标保持一致，促使学生在各方面全面发展。考虑相关的课程标准有助于确保体育教育与整体教育体系相衔接，为学生提供更为全面和有深度的学习体验。这有助于培养学生在不同领域的素养，提高他们的整体学科能力。

（二）体育教学多样性和个性化的特点

根据学生的年龄、能力水平、兴趣等因素组织教学内容，确定课程的结构和安排是体育教学设计中至关重要的原则，这确保了教学的适应性和针对性。不同年龄段的学生对体育活动的兴趣和能力有所差异。教学者应该根据学生的年龄选择合适的体育项目和活动，使其既符合年龄特点，又具有足够的挑战性。年龄不同意味着学生的认知水平、注意力集中程度等方面存在差异。教学者需要根据学生的年龄调整教学方法，使之更符合他们的认知和发展水平。考虑到学生的能力水平，教学者可以采用分层教学的策略，将学生按照技能水平、运动经验等进行分组。这样可以更好地满足每个学生的学习需求，提高教学效果。针对个别学生的能力水平，教学者可以提供个体化的辅导，帮助他们克服困难，提高技能水平，确保每个学生都能在适应性的环境中学到东西。学生的兴趣在很大程度上影响其参与体育活动的积极性。为了激发学生的兴趣，教学者可以选择多样的体育项目，涵盖传统和非传统的运动，以满足不同兴趣爱好。利用游戏化元素，如竞赛、积分制度等，可以增加学生对体育教学的兴趣和参与度，使学习变得更加有趣和引人入胜。教学者应该合理组织教学内容，设计具有连贯性和渐进性的课程结构。每个教学单元都应该与前后内容相衔接，使学生在学习过程中形成系统的体育知识和技能体系。教学者可以通过循序渐进的教学安排，逐步增加体育活动的难度，使学生在适应性的环境中逐渐提高自己的运动水平。考虑学生的身体和心理发展，教学者可以在教学中平衡技能的培养和心理素质的培养。这有助于全面促进学生的身心健康发展。引入体验式学习，通过实践和亲身体验让学生更深入地参与和体验体育活动，满足他们对运动的好奇和探索需求。通过根据学生的年龄、能力水平和兴趣等因素组织教学内容，确定课程的结构和安排，教学者能够创造更为适应性和针对性的教学环境，使每个学生都能够在体育教育中得到有效的发展。这样的教学设计有助于提高学生的学习兴趣，促进他们全面的身心发展。

（三）课程组织和结构的特点

根据学生的年龄、能力水平、兴趣等因素组织教学内容，确定课程的结构和安排是体育教学设计中至关重要的原则，这确保了教学的适应性和针对性。不同年龄段的学生对体育活动的兴趣和能力有所差异。教学者应该根据学生的年龄选择合适的体育项目和活动，使其既符合年龄特点，又具有足够的挑战性。年龄不同意味着学生的认知水平、注意力集中程度等方面存在差异。教学者需要根据学生的年龄调整教学方法，使之更符合他们的认知和发展水平。考虑到学生的能力水平，教学者可以采用分层教学的策略，将学生按照技能水平、运动经验等进行分组。这样可以更好地满足每个学生的学习需求，提高教学效果。针对个别学生的能力水平，教学者可以提供个体化的辅导，帮助他们克服困难，提高技能水平，确保每个学生都能在适应性的环境中学到东西。

学生的兴趣在很大程度上影响其参与体育活动的积极性。为了激发学生的兴趣，教学者可以选择多样的体育项目，涵盖传统和非传统的运动，以满足不同兴趣爱好。利用游戏化元素，如竞赛、积分制度等，可以增加学生对体育教学的兴趣和参与度，使学习变得更加有趣和引人入胜。教学者应该合理组织教学内容，设计具有连贯性和渐进性的课程结构。每个教学单元都应该与前后内容相衔接，使学生在学习过程中形成系统的体育知识和技能体系。教学者可以通过循序渐进的教学安排，逐步增加体育活动的难度，使学生在适应性的环境中逐渐提高自己的运动水平。考虑学生的身体和心理发展，教学者可以在教学中平衡技能的培养和心理素质的培养。这有助于全面促进学生的身心健康发展。引入体验式学习，通过实践和亲身体验让学生更深入地参与和体验体育活动，满足他们对运动的好奇和探索需求。通过根据学生的年龄、能力水平和兴趣等因素组织教学内容，确定课程的结构和安排，教学者能够创造更为适应性和针对性的教学环境，使每个学生都能够在体育教育中得到有效的发展。这样的教学设计有助于提高学生的学习兴趣，促进他们全面的身心发展。

（四）个体化和及时反馈的特点

及时的个体化反馈对学生的发展至关重要。在体育教学过程中，教学者应该对学生的表现进行观察和评价，并为每个学生提供有针对性的反馈。教学者应该全面观察学生在体育活动中的表现，包括技能运用、战略意识、团队合作等方面。通过观察，可以更全面地了解学生的优势和不足。在体育课程中，及时进行实时评价有助于抓住学生在运动中的表现特点。通过及时评价，教学者能够更准确地了解学生的实际水平和学习需求。对每个学生提供个性化的反馈是至关重要的。教学者可以根据学生的具体表现，针对其优点和改进空间，提供具体、清晰的建议和指导。反馈不仅要指出问题所在，更要明确提供改进的方向。通过给予学生具体的行动建议，帮助他们理解如何改进，使反馈更具有实际指导意义。通过提出引导性问题，鼓励学生自我评价。这有助于培养学生对自己表现的自我认知能力，使其更主动地参与到自我改进的过程中。与学生一同设定学习目标，并在教学过程中跟踪目标的实现情况。通过与学生共同制定目标，可以增加他们对学习的投入感，反馈也更加有针对性。

在反馈中，及时强调学生的优点和进步，增强他们的自信心。积极的反馈有助于建立积极学习氛围，激发学生对体育教学的兴趣和参与度。引入奖励制度，根据学生的表现给予肯定和奖励，可以更好地激发学生的积极性，使他们更努力地参与学习。教学者应当有效地管理反馈信息，确保记录和跟踪学生的表现。这有助于形成系统性的评估体系，更好地指导后续的教学设计和个性化辅导。定期与学生回顾之前的反馈信息，评估他们在改进方向上的进展。通过回顾，学生和教学者都能够更清晰地看到学习过程中的成长和变化。通过在体育教学中实施及时的个体化反馈，教学者能够更好地了解学生的学习需求，提供有针对性的指导，促进学生在体育活动中的全面发展。这种个体化反馈不仅有助于提高学生的运动水平，还培养了他们的自我认知和学习动机。

二、体育教学设计的要求

（一）教学目标的明确性

确保教学目标全面发展学生的身体素质、技能水平、战略意识、团队协作等方面是体育教学设计的核心要求。体育教学的首要任务是全面发展学生。这包括身体素质的提升、技能水平的提高、战略意识的培养，以及团队协作能力的加强。教学者应确保设定的目标涵盖了这些方面，使学生在多个层面得到发展，而不仅仅局限于某一方面。教学目标应该是明确的、具体的，以便学生和教学者都能清晰地理解目标所包含的内容。明确的目标有助于制定相应的体育教学策略和评价方法，使教学过程更具有针对性和有效性。目标的设定应具有可操作性，即学生能够通过实际的学习活动来达到这些目标。教学者需要考虑如何将目标分解成可实现的步骤和任务，以便学生能够逐步实现目标，提高学习的可操作性。教学目标应与整体理念相一致，即与教学者对学生身心发展、体育教育目标和核心价值观的理解相符。这确保了教学目标不是孤立的，而是融入了整个教育理念和体育教学设计的框架之中。教学者在设定目标时需要考虑学生的实际需求，确保目标既能够满足教育体系的要求，又符合学生的年龄、兴趣和发展水平。这样的目标更有可能引发学生的兴趣，提高他们的学习动机。目标设定应当鼓励个体学生在不同方面的发展。考虑到学生在体育方面的差异，目标可以设定为具有一定的灵活性，以适应不同学生的发展速度和风格。目标的设定应具有持续性，考虑学生的长期发展。这要求教学者不仅要设定短期的目标，还要思考如何将这些目标与学生的长远发展相连接，以实现学生在体育领域的全面成长。通过确保教学目标全面发展学生的身体素质、技能水平、战略意识、团队协作等方面，教学者能够更好地引导学生在体育教学过程中实现个体和整体的发展目标。这有助于构建一个有机、协调的教学体系，为学生提供更全面的体育教育。

确保教学目标与相关教育体系的课程标准相一致是体育教学设计的重要原则。教学目标的设定应该与相关的教育体系、学科标准以及课程框架相一致。这意味着教学者需要了解并遵循所在地区或学校设定的教育标准，确保教学目标与这些标准相匹配。通过与课程标准一致，教学目标能够更好地服务于学生的全面发展。教学者在设计教学活动时，应当确保这些活动符合教育体系的要求。这包括课程内容、教学方法、评价方式等多个方面。符合教育体系的要求能够保证学生在教育体系内获得的教育资源和机会是有质量保障的。教学目标与教育体系的一致性有助于确保学生接受到高质量的体育教育。当教学者设定的目标与教育体系的标准相匹配时，学生将更有可能达到或超越这些标准，从而获得更为全面和深入的学习体验。教育体系的课程标准通常是基于对学科知识和能力的专业性研究制定的，具有一定的权威性。因此，教学者通过与这些标准保持一致，能够更好地引导学生朝着教育体系设定的学科发展方向前进。教学目标与教育体系的一致性有助于促进体育教育的协同性。各个教学环节的一致性使得学生在不同课程和年级的学习中能够建立起有机的联系，形成渐进性的体育教育体验。教学目标与教育体系的一致性也有助于提高课程的可持续性。当教学目标与课程标准保持一致时，即便发生教学人员变更或其他变动，课程的整体方向和质量也能够得以保持。通过确保教学目标与相关教育体系的课程标准相一致，教学者能够在整个体育教学过程中更好地对学生进行引导，使其获得符合教育标准的高质量体育教育。这有助于构建一个与教育体系相协调、有机统一的体育教学体系。

（二）教学内容的合理选择

确保选择的体育运动和内容与学生的年龄特点相匹配是体育教学设计的重要原则。学生在不同年龄阶段的生理发展存在差异。教学者在选择体育运动和内容时，需要考虑学生的生理发展水平，确保所选活动对其身体健康和生理特点没有负面影响。例如，在幼儿阶段，注重基础运动技能和活动，而在青少年阶段可以引入更为复杂的运动项目。学生的心理发展也随着年龄的增长而变化。教学者需要选择能够满足学生心理需求的体育运动和内容。在幼儿阶段，强调游戏性质的活动，通过玩乐的方式培养兴趣；而在青少年阶段，可以引入更具挑战性和深度的运动项目，以促进学生的自我挑战和成长。选择与学生年龄相匹配的体育运动和内容有助于激发学生的兴趣和提高他们的参与度。学生更有可能在符合他们年龄特点的活动中找到乐趣，从而更积极地参与学习，促进身心的健康发展。不同年龄阶段学生的体育技能水平存在差异。选择与年龄相匹配的运动项目可以更好地适应学生的技能水平，确保他们在学习过程中既有挑战性，又不至于过于困难，使得学生能够逐步提高技能水平。学生在不同年龄阶段的社交需求和互动方式也有所不同。体育运动和内容的选择应当考虑到学生年龄特点，促进他们之间的合作与沟通。例如，在幼儿阶段，可以通过团队游戏培养团队合作精神，而在青少年阶段，可以引入更多团体运动，促进社交互动。年龄特点的考虑还包括对学生身体健康和安全的保障。确保选择的体育运动和内容不仅符合学生的年龄特点，还要保证在实施过程中不会对学生的身体造成不适或伤害。通过考虑学生的年龄特点，教学者能够更科学、合理地选择体育运动和内容，以更好地满足学生的身体和心理需求，促进他们全面健康地发展。这种选择的适应性有助于提高体育教学的有效性和吸引力。

引入不同类型的体育项目，包括传统和非传统的，是为了丰富学生的体育体验，激发其兴趣和参与度。引入传统和非传统的体育项目可以为学生提供更加多样化的体育体验。传统项目如足球、篮球等可能更为普及，而非传统项目如攀岩、飞盘等则能够带给学生新奇和独特的体验。这种多样性有助于满足学生个体差异，使体育教学更具包容性。学生在参与不同类型的体育项目时，有机会发现自己对某些项目更感兴趣和热情。一些学生可能对传统的球类运动感兴趣，而另一些学生可能更倾向于尝试冒险性较大的非传统项目。通过提供多样选择，教学者可以激发学生的热情，使其更积极地参与体育活动。学生在体育方面的兴趣和才能存在差异。引入不同类型的体育项目有助于尊重个体差异，使每个学生都能够在自己擅长或感兴趣的领域中有所表现。这有助于建立积极的学习氛围，增强学生对体育教学的积极性。传统和非传统的体育项目涵盖了不同的运动技能和素养。学生通过参与这些项目，能够全面培养身体协调性、团队合作精神、创新思维等多方面的素养。这有助于培养学生的全面素养，使其在多个方面得到发展。引入多样的体育项目有助于提高学生的参与度。在一些学生看来，传统的体育项目可能显得单调，而非传统的项目可能更能激发他们的兴趣。通过提供更多选择，学生能够找到适合自己的体育项目，从而更积极地参与体育教学活动。通过引入不同类型的体育项目，有可能培养学生对体育的长期兴趣。一些学生可能在传统项目中找到了自己的热情，而另一些学生则可能通过非传统项目发现了新的兴趣点。这有助于培养学生终身运动的习惯和兴趣。通过引入传统和非传统的体育项目，体育教学能够更好地满足学生的多样化需求，提高他们的参与度和兴趣水平。这样的体育教学策略有助于打破传统的教学框架，创造更为丰富和有趣的体育学习环境。

（三）体育教学策略的差异化

分层教学根据学生的学习风格进行分组，采用不同难度和复杂度的任务，是一种有效的体育教学策略。学生在学习过程中展现出不同的学习风格，有的偏好视觉学习，有的更倾向听觉学习，还有些学生更喜欢通过实践学习。分层教学充分考虑了这些个体差异，使得每个学生都能在适应性的环境中学到东西。通过根据学生的学习风格进行分组，可以提供更为个性化的学习体验。不同的学习组合能够满足学生不同的学习喜好和需求，使他们更容易理解和吸收知识。这有助于提高学生的学习动机和积极性。分层教学还包括采用不同难度和复杂度的任务，以适应不同学生的水平。高水平的学生可以接受更具挑战性的任务，而低水平的学生则可以从相对简单的任务中建立信心。这样的差异化设计有助于每个学生在适宜的水平上学习，促使他们逐步提高。分层教学有助于提高整个班级的学习效果。教学者可以更有针对性地调整教学内容和任务，使得每个学生都能够在适合自己水平的情境中学到知识和技能。这种个性化的学习方式有助于最大限度地发挥每个学生的潜力。学生在小组内相对同质性的学习环境中更容易进行合作和交流。他们能够更自由地表达自己的观点，互相学习和支持。这样的合作氛围有助于促进学生之间的积极互动，提高整体学习氛围。通过不断观察学生在分层教学中的表现，教学者可以及时调整体育教学策略，确保每个学生都在适应性的环境中学到知识。这种灵活性有助于更好地满足学生的学习需求。根据学生的学习风格进行分组，采用不同难度和复杂度的任务，是一种有效的体育教学策略。它有助于提高学生的学习效果，满足个体差异，促进合作与交流，为学生创造更为有利的学习环境。

体育教学策略的设计应旨在促进个体学生在技能、战略、领导力等方面的发展，使每位学生都能够在体育活动中找到自己的优势和潜力。教学者应通过差异化的体育教学策略，个性化地培养学生的技能。每个学生在体育方面的起点和擅长点都不尽相同，因此，教学者需要关注每位学生的特点，提供有针对性的技能培训，以帮助他们发现和发展自己的优势。在体育教学中，战略意识的培养同样至关重要。教学者可以通过引导学生参与战略性的游戏和活动，培养他们分析形势、制订计划的能力。战略性的体育活动不仅提升了学生的思维水平，也促进了团队协作。体育活动提供了培养领导力的良好平台。教学者可以通过组织学生担任队长、制定战略等方式，引导学生在体育团队中发挥领导作用。这有助于培养学生的领导潜力，提高他们在协同合作中的主动性。通过体育教学策略设计激发学生的兴趣和热情，可以让他们更投入到体育活动中。兴趣是学习的最好动力之一，教学者可以选择吸引学生的教学内容，让他们更愿意主动参与，从而更好地发展技能和战略。每个学生的发展速度和方向都不同，教学者应该关注个体差异，灵活调整体育教学策略。一些学生可能在技能方面表现优异，而另一些学生可能更注重战略层面。个体差异的关注有助于更好地满足学生的个性化需求。除了专业技能、战略和领导力外，教学者还应该关注学生的全面素养。体育活动中培养学生的协作精神、团队合作和沟通技能同样重要，这将有助于他们更全面地发展自己。

第四节 体育教学设计的操作程序

一、制订整体教学计划

在体育教学设计的最高层次，教学者制订整体教学计划是确保教学活动有条不紊进行并能有效实施的关键一步。整体教学计划的制订涵盖以下方面，为后续的教学设计提供了基础：教学者首先需要明确整体理念和目标，即对体育教育的核心信念和期望的概括。这可能涉及教学者对学生身心发展的理解，对体育教育目标的设定以及对核心价值观的追求。整体理念和目标的明确性将为后续的教学设计提供基础。教学者需要深入理解学生的身心发展特点，考虑到他们在不同年龄阶段的生理和心理特征。这对于确定教学方法、内容和目标至关重要，以确保教学设计符合学生的发展水平和需求。教学者应明确体育教育的具体目标，这可能包括学生在技能、战略、团队合作等方面的发展。这些目标应与整体理念相一致，并为教学活动的设计提供具体的方向。教学者在制订整体教学计划时需要考虑到自己所追求的核心价值观。这可能包括对竞争、合作、公平、团队精神等方面的价值观。这些价值观将在整个教学过程中贯穿，影响教学者的决策和教学方式。整体教学计划的明确性和完整性为后续的教学设计提供了框架和指导。它确保教学者在教学活动中始终保持一致性，使学生在体育教育中得到全面、有针对性的发展。

二、设定具体课程目标

在整体教学计划的基础上，设定具体的课程目标是体育教学设计中的关键步骤。设定具体课程目标是为了明确每个教学单元或课程的期望结果，以便更有针对性地引导教学活动。这确保了整体教学计划中的抽象理念转化为具体的学习目标，使学生能够在具体的技能、知识和能力方面取得实质性的进展。每个具体的课程目标应与整体理念相一致。例如，如果整体理念强调团队合作和互助精神，课程目标可能包括促进学生在团队体育中的协作能力，培养他们的领导技能等。这确保了每堂课都有助于实现整体理念所追求的核心价值。教学者在设定课程目标时需要考虑相关的课程标准。这可能是学校或地区制定的体育教育标准，旨在确保学生在体育方面达到一定的基本水平。通过对标准的考虑，教学者可以保证教学活动符合教育体系的要求，为学生提供高质量的体育教育。具体课程目标可以包括：学生能够掌握特定体育运动的基本技能，如传球、接球、射门等。学生能够理解并运用战略和战术，提高在比赛中的表现。学生通过团队运动学会协作，学会在团队中扮演不同的角色，发挥各自的优势。学生有机会担任队长或协助领导，培养领导和沟通技能。这些具体课程目标与整体理念相一致，同时考虑了相关的课程标准，确保了教学的有针对性和符合教育体系的要求。

三、选择教学内容和策略

在设定了具体的课程目标后，教学者需要精心选择适当的教学内容和策略，以确保教学活动对学生产生积极而有效的影响。教学者需要确定要教授的具体技能和知识。这可能包括体育运动中的基本技能、战略和战术、运动规则等。选择内容时要确保与设定的课程目标一致，使学生能够实现目标所需的技能和知识。教学者可以考虑引入不同类型的体育运动，包括传统和非传统的项目，以丰富学生的体育体验。这有助于激发学生的兴趣，使体育教学更加多元化。教学者需要选择合适的教学方法，以传授所选内容。这可能包括演示、示范、小组讨论、实践练习等。选择教学方法时要考虑学生的年龄、兴趣和学习风格。考虑学生的差异性，教学者可以采用个性化体育教学策略，根据学生的能力水平、兴趣和学习风格进行灵活调整。这有助于确保每个学生都能够在适应性的环境中学到知识和技能。教学者需要根据学生的年龄选择合适的内容和策略。年幼的学生可能更适合采用富有趣味性和互动性的教学方法，而年长的学生可能需要更复杂的技能和战略培训。教学者应考虑学生的兴趣，选择能够引起他们兴趣的体育项目和教学内容。这有助于提高学生的参与度和学习积极性。教学者需要确保选择的内容和策略与设定的教学目标一致。教学活动应直接服务于实现这些目标，帮助学生在体育方面全面发展。通过综合考虑年龄、兴趣和教学目标，教学者可以更精确地选择适当的教学内容和策略，从而提高教学的有效性和学习的质量。

四、组织教学内容和安排课程结构

在确定体育教学内容和策略后，教学者需要组织这些内容，确定课程的结构和安排。这可能包括确定每堂课的主题、活动顺序、课堂管理策略等。课程设计需要考虑到学生的年龄、能力水平、兴趣等因素，以确保教学活动在有序的环境中展开。教学者需要根据学生的年龄、兴趣和教学目标选择适当的体育运动。这可能包括传统的体育项目如足球、篮球、排球等，也可以涵盖非传统的项目如攀岩、飞盘等。选择多样的体育运动有助于满足不同学生的需求，同时使教学更加有趣和吸引人。在体育教学内容中，教学者需要重点教授游戏规则和战略技巧。学生需要了解运动的规则以及在比赛中如何运用战略技巧，这有助于培养他们的运动智慧。例如，在足球中，教学者可以深入解释足球比赛的规则，并教授防守和进攻的基本战略。考虑到学生的差异，分层教学是一种有效的策略。教学者可以根据学生的技能水平、兴趣和学习风格进行分组，采用不同难度和复杂度的任务。这有助于确保每个学生都能在适应性的环境中学到东西，并提高整个班级的学习效果。体育教学可以通过问题解决和合作学习来培养学生的团队合作和解决问题的能力。例如，在球类运动中，教学者可以设计团队游戏，要求学生协同合作，共同解决问题。这有助于培养学生的团队精神和沟通能力。

第五节　体育教学设计的理论思考

一、体育教学教育理论

　　进步主义教育理论强调学生参与实践和积极体验，这一理念对体育教学产生深远的影响。在制定体育教学整体理念和目标时，教育者可以借鉴以下思考：进步主义理论认为，学生通过实践和积极参与能够更好地理解和吸收知识。在体育教学中，这意味着教育者应该创造出各种机会，让学生亲身体验不同运动、锻炼和团队活动，以促使他们对体育的兴趣和理解更为深刻。进步主义教育强调个体差异和发展，这对体育教学有着积极启示。教育者在设定目标时，应该考虑到学生在体育方面的发展水平，关注每个学生的个体差异，以确保他们在学习过程中得到充分的支持和激励。进步主义理论鼓励学生培养问题解决和批判性思维能力。在体育教学中，这可以转化为教育者引导学生思考运动技能、战术策略等方面的问题，并激发他们主动寻找解决方案的能力。进步主义理论重视社会互动和合作，体育教学可以通过团队运动、合作活动等方式培养学生的团队合作和社交技能。教育者应设定目标，使学生在团队环境中学会协作、沟通和共享责任。进步主义理论认为，满足学生的兴趣和动机是促使其学习的有效途径。在体育教学中，教育者可以设定目标，使学生参与他们感兴趣的体育活动，从而提高他们的动机和投入度。通过将进步主义教育理论的核心理念融入体育教学的整体理念和目标中，教育者可以更好地满足学生的学习需求，促进他们在体育领域的全面发展。

　　行为主义理论强调通过奖励和惩罚来塑造学生的行为。在教学中，这可能体现为给予学生积极的反馈和奖励以加强他们的正确行为，同时对错误行为进行惩罚或纠正。行为主义倾向于使用直接的教学方法，例如讲授、示范和反复练习，以便学生能够习得特定的技能和知识。行为主义强调明确的学习目标，并通过定期的评估来监测学生的进步。评估通常着重于可观察的行为和结果。行为主义理论认为，提供结构化的学习环境可以最大限度地促进学生的学习。因此，体育教学策略可能包括清晰的规定和组织，以确保学生在有序的环境中学习。构建主义理论鼓励学生通过合作与他人互动来共同构建知识。体育教学策略可能包括小组项目、合作探究等方式，以促进学生之间的互动和合作。构建主义倡导学生通过自主的问题解决和主动的学习来构建知识。体育教学策略可能包括提出开放性问题、实地考察和探究性学习项目。构建主义理论注重学生的反思和元认知能力，即对自己的学习过程进行思考和监控。体育教学策略可能包括鼓励学生定期反思学习经验和制订学习计划。构建主义理论认为每个学生是独一无二的，因此体育教学策略可能更加个性化，考虑到学生的先前知识、经验和兴趣，以满足他们的学习需求。不同的教育理论反映在体育教学策略上，而教育者可以根据自己的教学理念和学生的需求，灵活地选择和整合不同的体育教学策略。

二、体育教学运动学理论

运动学习理论对于确定何种技能和知识应该被教授以及采用何种方法进行教学提供了指导。认知学习理论是其中一种理论，它强调通过认知过程获取技能，这对体育教学产生深远的影响。认知学习理论强调学生通过思考、分析和理解规则和战略来获取运动技能。在体育教学中，教育者可能会更加注重向学生解释运动规则、战略和战术，以帮助他们建立对运动的深刻理解。认知学习理论支持使用思维导图、模型和图表等工具，帮助学生可视化并理解运动技能和战略。这有助于提高学生对复杂运动结构的认知，例如团队运动中的战术布局。认知学习理论强调培养学生的问题解决和决策能力。在体育教学中，教育者可以设计情境和活动，让学生在实践中面对不同的运动情景，从而培养他们在运动中做出明智决策的能力。认知学习理论支持使用模拟和角色扮演来模拟实际运动场景。这可以帮助学生在模拟环境中运用他们所学的知识和技能，提高他们在实际比赛中的应对能力。认知学习理论强调个体差异的重要性，认为每个学生在认知过程和学习风格上都有差异。在体育教学中，教育者可能会采用差异化体育教学策略，考虑到学生的个体差异，以更好地满足他们的学习需求。通过将认知学习理论的原则融入体育教学中，教育者可以更好地引导学生在运动学习中发展认知能力，从而提高他们的技能水平和对运动的理解。

考虑学生的年龄、生理和心理发展阶段，基于运动发展理论可以更好地选择适合不同年龄段学生的体育运动和教学内容。运动发展理论强调在幼儿期注重基础运动技能的发展。体育教学内容可以包括简单的跑步、跳跃、投掷等活动，以帮助幼儿建立基本的运动基础。教学内容应注重培养幼儿的感知和协调能力。通过各种感官刺激和简单的动作，促进他们的感知发展和身体协调性的提高。引入简单的团队游戏和合作活动，培养幼儿的社交技能和团队合作意识。运动发展理论鼓励在小学阶段提供多样化的运动经验。体育教学内容可以包括不同类型的体育运动，如足球、篮球、田径等，以帮助学生探索和发展自己的兴趣和天赋。重点强化基础运动技能，并逐渐引入更复杂的技能要求。建立坚实的基础，为将来深入学习特定运动奠定基础。引入更具挑战性的团队活动，培养学生的团队协作和竞技精神。教学内容可以注重战术、策略和团队合作的发展。针对对体育感兴趣的学生，提供更专业化的训练机会。这可能包括特定项目的深入学习和高水平竞技。运动发展理论强调在中学和高中阶段，学生的身体素质可以更有针对性地提升。体育教学内容可以包括针对不同运动项目所需的力量、耐力和灵活性的训练。引入领导力培养和团队管理等内容，培养学生在体育领域展示领导才能和责任感的能力。通过根据运动发展理论选择适当的体育运动和教学内容，教育者可以更好地满足学生在不同年龄阶段的发展需求，促进他们在体育领域的全面成长。

三、体育教学与学习心理学理论

学习心理学为理解学生的个体差异提供了理论支持，而分层教学和个性化教学等策略可以根据学生的认知差异、学习风格和兴趣水平进行调整。学习心理学强调学生在认知方面存在差异，包括信息处理速度、记忆能力、问题解决能力等。这意味着在教学中，应该考虑到学生在这些认知方面的差异，以更有效地支持他们的学习。学习心理学认识到学生有不同的学习风格，包括视觉型、听觉型、动手型等。了解学生的学习风格有助于调整体育教学策略，使之更符合学生的个体需求。学习心理学考虑到学生的兴趣水平对学习的影响。个体差异在于学生对不同主题和活动的兴趣程度，因此教学应该设计能够激发学生兴趣的内容。分层教学允许教育者根据学生的学习水平调整教学内容。个体化学习计划可以确保每个学生都在适合他们当前水平的学习阶段进行。分层教学允许灵活的组织结构，例如小组活动或合作学习。这有助于满足学生在团队合作中的不同角色和能力。通过定期的评估，教育者可以更好地了解学生的进展，从而调整分层体育教学策略以满足他们的学习需求。及时的反馈对于个性化学习至关重要。个性化教学鼓励为每个学生设计独特的学习路径，以满足他们的学科需求和兴趣。这有助于激发学生的主动学习兴趣。个性化教学还可以提供弹性学习环境，允许学生以适应他们自身学习风格的方式探索和学习。利用技术辅助工具，例如个性化学习软件，可以根据学生的学习表现提供实时反馈和调整学习材料。通过结合学习心理学的理论认识，分层教学和个性化体育教学策略能够更好地满足学生的个体差异，促进他们更有效地学习和成长。

引入游戏化元素可以基于游戏化学习理论，通过竞赛、积分制度等方式激发学生对体育教学的兴趣和参与度。游戏化学习理论认为，设定明确的挑战和目标可以激发学生的积极性。在体育教学中，可以通过设立运动技能挑战或团队目标，引导学生投入学习。游戏化理论注重奖励和认可的力量。在体育教学中，教育者可以设立奖励体系，如表扬、徽章或积分，以鼓励学生取得进步和付出努力。游戏化鼓励学生参与角色扮演和建立虚拟身份，这有助于提高学习动机。在体育教学中，可以设计角色扮演活动，让学生在运动中扮演不同的角色，增强他们的身体表达能力。游戏化学习强调合作和社交互动的重要性。在体育教学中，可以设计团队比赛、合作项目等活动，促使学生在运动中建立良好的社交关系。引入竞赛和比赛元素，例如定期的体育竞赛，可以激发学生对运动技能和团队合作的兴趣。设置奖项或积分榜可以增加学生的参与度。制定积分制度，根据学生在运动表现、团队活动中的贡献等方面进行评分。积分可以用于奖励、排名或者其他形式的激励，从而提高学生对体育课程的投入。利用技术手段，设计虚拟挑战和任务，让学生通过互动和竞争完成任务。这可以通过使用移动应用、在线平台等方式实现。设计团队合作的游戏化活动，让学生在协作中学习体育技能。这有助于培养团队协作和沟通能力。允许学生设定个人挑战和目标，根据个人成就进行奖励和认可。这可以激发学生的个人责任感和自我激励。通过游戏化元素的引入，体育教学可以更具趣味性和吸引力，提高学生对运动学习的主动参与度，同时培养他们的合作精神和团队协作能力。

四、教学设计的综合理论

教学者确实应该将教育理论、运动学理论和学习心理学整合，以确保整体教学设计具有内在的一致性和协调性。教育理论提倡设定明确的学习目标，考虑到学生的年龄、发展阶段和个体差异。整合时，教育者应确保运动学习和教学活动与这些目标一致，并通过有效的评估方法来监测学生的进展。进步主义教育理论强调学生的参与和积极体验。在体育教学中，这可以通过提供有趣、挑战性的运动活动和游戏化元素来实现，以促使学生更深度地参与学习。教育理论关注学生的个体差异和发展阶段。在整合过程中，教育者应考虑学生的生理和心理发展，调整体育教学策略以满足不同年龄段学生的需求。

运动学理论强调技能的渐进性发展和复杂性。整合时，教育者应确保教学设计符合学生在特定运动技能上的发展水平，逐步引导他们从简单到复杂的技能层次。运动学理论关注战术和策略在运动中的应用。整合时，教育者应在教学中引入战术和策略性的思考，培养学生的运动智能。学习心理学强调认知差异和学习风格的影响。整合时，教育者可以使用个性化和分层体育教学策略，以适应学生的认知差异和学习风格。学习心理学注重激发学习兴趣的重要性。整合时，教育者可以运用游戏化元素、实践性活动等方法，增加学生对体育学科的兴趣。教育者需要确保教学内容在不同学科之间有一致性，以便学生能够更全面地理解和应用知识。整合时应考虑学生的个体差异，灵活运用体育教学策略，确保每个学生都得到适切的支持。教学者需要整合有效的评估方法，以监测学生的学习进展，并提供及时的反馈，以便调整体育教学策略。通过将教育理论、运动学理论和学习心理学整合，教育者可以更全面、有针对性地设计和实施体育教学，为学生提供更丰富、深刻的学习体验。

教学设计的多样性和综合性原则确实是为了满足不同学生的需求，提供更全面、灵活的体育教学体验。教学者应该设计涵盖多个体育项目的教学计划，确保学生有机会接触不同类型的运动，从而拓展他们的运动经验。教学设计可以包括既有团队合作又有个体发展的运动。这样不仅促进了社交互动和团队协作，同时也满足了那些更喜欢个人发展的学生的需求。教学者可以结合传统的体育项目和新兴的运动趋势，以确保学生既能够体验经典项目，又能够接触到时下流行的运动。教学者可以采用差异化体育教学策略，根据学生的学习风格、水平和兴趣，调整教学方法，确保每个学生都得到适宜的支持。教学设计应包括合作学习和个体学习的机会。一些学生可能更喜欢通过合作和团队活动学习，而另一些可能更喜欢独立学习。教学方法可以结合实践性和理论性，使学生既能够亲身体验运动，又能够理解相关的理论知识。教学者可以采用综合性的评估方法，包括项目作品、口头表达、实际运动表现等多个方面，以更全面地了解学生的学习成果。引入自我评估和同伴评估的机制，促使学生更主动地参与评估过程，并提供更多元化的反馈。教学者可以结合形成性评估（课程中期的评估）和总结性评估（课程结束时的评估），以及时调整教学方法并向学生提供及时反馈。通过考虑多样的体育运动、活动和教学方法，以及采用多元化的评估方式，教学者能够更好地满足不同学生的需求，创造出更具包容性和综合性的体育教学环境。这有助于激发学生的学习兴趣、提高学习动机，并更好地促使他们参与和享受体育学科。

第六节　体育教学设计模式新构

一、雨课堂混合式教学与学校体育深度融合的意义

雨课堂 V4.2 实现了功能的全面升级，开发了与快手合作的新版直播功能，支持多个组合画面、语音呈现，视频直播可以实现桌面录屏，课件的制作是在雨课堂课件库中完成的，不需要专门安装插件、不需要其他电脑安装雨课堂、不需要 U 盘拷贝课件，只需在安全网络环境下就可运行，教学工具的使用环境更自由，实现了内容批注、打分等主题批改的全面优化。

（一）实现了体育教学的全过程跟踪管理

雨课堂属于"轻"智慧教学工具，实现了慕课、微信、PPT 相融合的互动学习新模式，体育教师不需要改变以往的备课、上课习惯，就能实现课前预习指导、课中互动交流、课后跟踪了解的全过程体育教学。这种大数据技术在课堂教学中的广泛应用充满了教育智慧，是课堂教学转型、向着信息化发展的典型标志。

（二）实现了体育知识技能的全过程指导

雨课堂混合式教学在体育课程中的应用，可以实现短时间内对体育运动技术的深度解析，全方位视觉观察，给学生建立良好的运动技能表象。通过课前互动，教师可以了解和掌握学生的学习情况；通过课前视频反馈和体育理论知识传授，以制定适合学生实际的体育教学策略，激发学生的体育兴趣，增加课堂练习密度，有助于实现精准指导和教学创新。

二、学校体育雨课堂混合式教学模式设计

（一）课程模块设计

学校体育雨课堂混合式教学模式设计可以划分为课前、课中和课后三大课程模块，整个过程以师生关系为核心进行设计。第一，课前模块设计。在这一过程中要突出师生两个主体：学生在课前完成自主学习，同教师进行线上互动交流，以激发学生学习兴趣，了解学生体育知识水平，体育教师在课前把整合的课程资源生成课件，并用二维码的形式推送给学生微信端。课前预习不受时间和空间限制，借助大数据技术教师可以随时查看了解学生体育理论知识掌握情况及课程访问量，实现体育翻转课堂的灵活性，提高学生的体育参与度。第二，课中（线下）模块设计。体育教师通过线上交流基本掌握学生体育需求以后，师生互动答疑。另外教师要设定体音知识目标，解答问题并提出学习任务，通过师生互动，及时调整课程进度，真正把学生感兴趣的知识点作为重点突破。教师把知识点以随堂测试的形式进行考核评价，以进一步反馈学生的知识掌握度，第三，课后模块设计。教师根据考核评价结果进行教学总结，建立评价多元化。具体操作时，学生可以通过雨课堂对线上、线下混合式学习情况进行信息推送反馈；教师对反馈信息进行归纳，并根据推送信息进行课程反思，实现教学能力提升。学生通过雨课堂对教师所讲解的体音知识可以反复查看，以巩固所学知识点，优化教学效果。

（二）课件制作设计

教师利用雨课堂软件，需要完成体育课件制作工作，包括制作或搜集慕课课件、微课视频、PPT课件和语音等。第一，主界面功能板块设计。体育教师可以在登录雨课堂系统后，根据教授的课程内容在主界面窗口功能板块，进行体育教学课件制作。主界面的功能模块除PPT所具备的一般功能以外，还增加了单选题、多选题、投票、填空题、主观题、批量导入、新建试卷等功能窗口。第二，课件制作设计。教师要根据教学知识点、课程目标和本节课的重难点，在PPT内插入题目、语音、视频、图片及文字等内容，同时结合发送外部链接提供慕课或网络视频。课件制作设计按照少文

字多音视频的要求，内容形式丰富．有趣味性，从而能够吸引学生，提高其学习的兴趣和主动性，学生可以在课前借助无线网络完成预习或进行课后复习，现阶段体育教师要发挥雨课堂现有比较完备的课件功能优势，配合教师制作的课件供学生学习使用。第三，课件上传与发布，教师将完成的课件上传至雨课堂，并通过二维码完成课件推送与发布这样移动终端就会收到课件信息发布的通知，学生点击详情即可查看内容信息。

（三）课程内容设计

基于雨课堂的学校体育雨课堂混合式教学的设计工作，要根据不同层级、不同内容、不同授课对象的实际进行制定，具体内容设计需要从以下几个方面展开：第一，学情分析。这是课程设计前的基础工作，可以是前期同学生之间的互动或调查、评价反馈，掌握学生的学习需求、学习心理和行为偏好、学习内容与学习环境等，最大限度确保课程设计的针对性和实效性。第二，教学活动设计。在完成学情分析后，教师要对教学活动进行设计，具体包括网络信息资源检索、雨课堂内置资料查询，做好课程设计的资料准备工作。并根据教学大纲的目标要求，制定理论课程总目标、单元目标和课时目标，在教学目标引领下完成教师和学生课前、课中和课后互动的教学活动设计。第三，教学管理和方法设计。"体育与健康"理论课程雨课堂通过微信二维码推送给学生学生采用自主学习、讨论学习和线上交流相结合的方法，提前完成知识点预习。课上需要做好出勤情况、问题解答情况、师生互动情况等教学管理。雨课堂大数据信息反馈为实现全过程管理提供了便捷路径。全过程跟踪内容包括：签到、预习、课堂参与度、试卷成绩以及排名等。第四，学习评价设计。由于"体育与健康"理论课程没有专门设置考试，各级各类学校主要依靠平时成绩和体育运动技能成绩评定学生成绩，这就导致体育与健康理论课程形同虚设，而借助雨课堂数据分析可以实现"体育与健康"理论课程评价。

三、雨课堂混合式教学在学校体育教育中的应用

（一）做好前端学情分析，制定设计三维目标

利用雨课堂进行课程设计之前，教师要做好前端的学情分析，具体包括学习者、学习内容和学习目标三个方面。授课对象为大一年级水平五学生，他们具备一定的体育理论知识基础，具有较强的理解力和问题分析、解决能力，能够独立自主完成一些不是特别复杂的学习任务，心智比较成熟，自控能力较强，有接受新鲜事物的冲动。对学习者除了基于这些方面的考虑以外，还可结合雨课堂网络问卷了解学生对"营养与健康"知识点的掌握情况，以及对该课程的学习意愿、动机和兴趣等。这些分析充分考虑了学生实际，这也体现出雨课堂坚持"以人为本"的教育理念。

对学习者的多视角分析是教学环节整体设计的基本前提。一方面，在"营养与健康"章节的学习目标分析中，使学习者能够达到的具体目标、可操作性目标，在具体的制定时可以从知识与技能、过程与方法、情感态度与价值观三个维度来加以设计。另一方面，在学习内容分析中，要了解营养知识与健康知识之间的内在关系，让学生掌握合理膳食的方法，养成良好的膳食行为，知道饮食结构的合理搭配是促进健康的有效路径。

（二）课前课程制作、推送与课后反馈相结合

学校体育雨课堂混合式教学活动的组织实施过程分为课前、课中和课后三大模块。首先，根据前端分析情况，结合教学大纲及大学生"营养与健康"知识目标，做好课程资源开发工作，插入网络 MOOC 视频（从中国大学 MOOC 中筛选部分课程）。然后，把雨课堂微信二维码推送给学生，组织学生进行课前预习，以掌握知识、发现问题，对营养与健康知识有个大致了解，提高对营养与健康重要性的认识，培养学生的探索兴趣与欲望，形成良好的知识需求心理。在课前预习时，学生可以通过平台发布个人对知识点的认知，形成课前知识反馈。其次，课后教学活动在混合式智慧教学中至关重要，既是总结教学经验和不足、优化和改进教学效果的重要反馈，也是复习、巩固知识的重要环节。教师借助雨课堂平台把营养与健康作业、试卷用线上链接的形式推送给学生，学生完成测评以后会生成一份雨课堂反馈信息图表，根据学生对难点问题和重点问题的掌握情况完成作业推送。在雨课堂中设置难点知识反馈，了解学生在"营养与健康知识点学习中的难点内容，作为改进提高教学的重点。总之，教师可以根据课前预习反馈信息提出问题，设置学习任务，借助任务驱动、问题导向或目标导向教学法，促进学生完成学习任务，教学过程相对比较灵活，可以是线下、线上或线下与线上相结合，实现课程目标。

（三）挖掘智慧教学工具，构建混合式学习环境

作为一种新型的混合式智慧教学工具，雨课堂在"营养与健康"课程教学中的广泛使用与挖掘，在很大程度上弥补了传统体育理论教学中师资力量不足、课时少的缺陷，实现了体育教学与现代智慧教学工具的深度融合，改善了学生营养与健康理论课程学习环境，为教师有效监控学习过程，及时掌握学习情况、发现学习问题、转变和改进体育教学策略提供了科学有效的分析工具。在传统"营养与健康"课堂教学中，教师依靠经验判断了解学生掌握的知识信息，教师教学经验差异会造成评判结果的误差。而对于雨课堂混合式智慧教学工具的挖掘，用大数据技术解决"营养与健康"教学过程监控问题，"营养与健康"理论教学过程实现了由经验驱动向数据驱动管理模式转变。借助雨课堂对"营养与健康"混合式智慧教学应用情况进行了线上调查，通过雨课堂设置问卷，推送给学生来完成调查测试，对自主学习、参与课堂积极性、教学互动及学习效率等方面进行即时监控。但需注意，雨课堂混合

式智慧体育教学效果的实现还需要构建良好的学习环境，需要在教学资源、教学活动设计、网络学习环境、推送材料与学习目标以及课程总设计等方面进行全面考虑，教师不能过多注重知识量的传授。若在雨课堂课件制作中推送的资料过多、资料分散易导致知识系统性不够，会造成学生知识学习注意分散。学校体育雨课堂混合式教学是一种新型、有效的学习方式，能够迎合学生的学习心理，实现智慧教学工具在课前、课中、课后的广泛使用，但教学效果的实现还需要构建支持资源开发、互动与监管于一体的混合式学习环境。

（四）加强师生间的互动交流，做好线上答疑解析

雨课堂混合式智慧教学的互动性功能实现了"零延时"互动，建立实时连麦和实时问答对学生进行即时跟踪，也可以掌握学生进出课堂、学习时间及回答问题正误率等情况，从而得到学生的"营养与健康"雨课堂混合式教学活动实践反馈信息，了解学生的相关知识储备、知识掌握效果、学习过程中哪些知识点掌握不全面等，通过线上师生互动交流与答疑解析，为教师进一步明确教学重点、难点，制定教学目标，完善教学计划提供了重要依据。另外，学生体育参与积极性、学习兴趣、教学互动和学习效率都得到了较好的实践检验。但是，在应用实践中也发现了一些问题需要解决：一是学校体育雨课堂混合式教学的数字资源缺乏，教师在课前需要全方位搜集整理课程资源，课前预习材料准备和课后指导都需要投入更大的时间和精力，增加了体育教师工作负担。二是软件功能还不够完善，还不具备分组讨论功能，仍需要利用微信和QQ等工具进行互动交流。三是很多体育教师对于信息化技术掌握不熟练，对学生使用雨课堂没有强制性要求，部分学生没有养成线上学习习惯，对学习平台接受无力。因此，基于雨课堂体育教学效果的实现，还需要教师投入大量精力，认真研制课件，广泛搜集和挖掘适合学生、便于知识学习的课程资源，特别是要加大慕课视频与网络视频开发力度，对体育教师进行相关的专业培训，提高教师的雨课堂课件制作能力、线上教学组织管理能力，使之成为深化和推进新时代学校体育教学改革的有效工具。

四、实践效果与思考

学校体育雨课堂混合式教学实现了"线上＋线下"相结合，充分利用现代信息教育技术手段，是体育智慧教学和翻转课堂的有效工具。对于实施效果评价，从理论层面看：首先，学校体育雨课堂混合式教学的推广符合新时代教育改革的需求，充分体现了以学生为中心，通过过程性学情分析、学生学习信息跟踪反馈、灵活制定或调整教学计划，构建更切合学生体育学习实际的课程体系，为教师教学质量的持续改进提供了保障。其次，雨课堂在学校体育中的应用改变了传统教师角色，体育教学更加注重师生互动，调动学生参与积极性和创造性思维，每个教学环节都是师生共同参与，

实现了教学相长。最后，教师通过雨课堂，在课前、课中、课后三个环节建立学生体育学习数据采集点，全过程获取和记录学生体育学习情况数据。这些可视化、多维数据可以对学生的体育学习状态和学习效果进行客观量化评价，改变了传统教师靠主观经验判断确定教学方法手段的缺陷，为精细化教学控制与教学干预提供了数据支持。体育雨课堂混合式教学充分体现了以学生为中心的育人思维，使师生之间的互动更加频繁，实现了线上与线下教学的无缝连接，但在教学设计、雨课堂环境开发上还需要进一步改进，以便充分发挥信息技术的优势。

第二章　体育教学设计的思想基础

第一节　"寓德于体"教育思想

一、"德"在高校体育教学中的意义分析

增强学生体质、培养学生良好身心素质是高校体育教学的根本目标和出发点。体育课程作为学生身心共同参与的活动，应该为其提供一个全面发展的平台。在学校体育教学中，学生通过参与身体锻炼和互相配合，不仅获得知识与技能，也在客观上为教师培养学生的道德品质提供了条件。当前我国很多高校存在一个问题，即大部分体育教师过于注重课堂组织和技能提高，而忽视了体育教学中的德育教育。有些甚至认为德育是文化课的任务。德育，具体而言，是对人的思想品质和生活品质的培养。它的任务包括提高受教育者的思想认识，培养高尚健康的人格，丰富情感世界，以及培养积极乐观的人生态度。高校体育教学应当更加注重德育的融入。通过体育活动，教师可以引导学生培养团队协作精神、尊重他人、公平竞争的意识，以及培养坚强的意志品质和不屈不挠的毅力。在课程设计中，可以融入一些案例分析或团队合作项目，让学生在实践中体验并领悟德育的重要性。体育教师也需要不断提升自身的德育教育水平，深入了解学生的个性和需求，因材施教，以激发学生内在的责任感和自律精神。通过这种方式，高校体育教学能够更好地实现其培养学生全面发展的目标，为他们未来的职业和社会生活奠定坚实的基础。

叶圣陶先生的名言"什么是教育，简单地说就是要养成良好的习惯，对于德育而言，就是要养成良好的行为习惯"深刻地指出了教育的核心目标。在高校体育教学中，这一理念得以体现，因为体育教学不仅仅是传授知识，更是培养学生良好的身体素质和行为习惯的过程。体育教学注重学生身体素质的全面发展，通过锻炼提高力量、速度、耐力、柔韧和灵敏等素质。不同于传统文化课的纯理论教学，体育教学更强调实践和体验，促使学生在运动中培养健康的生活方式。在当今社会，亚健康问题日益突出，人们对身体健康的关注逐渐升温，使得体育健身锻炼成为人们日常生活的不可或

缺的一部分。随着体育教育的影响力扩大，人们逐渐认识到体育教育不仅仅关乎身体素质，更涵盖了德育的重要价值。德育，即对学生思想素质和道德层面的教育，是体育教学中不可忽视的一环。体育教学不仅要培养学生的身体素质，更应在锻炼的过程中注入德育的理念。德育的过程实际上是一个引导学生辨别善恶、树立道德价值观的过程。其最终目标是帮助学生树立正确的道德观念，形成对是非荣辱的正确判断标准，并将这些道德准则内化为自身的内在品格，贯穿于有形的生活之中。现代高校体育教学不仅仅是培养学生身体素质的场所，更是德育教育的重要载体和桥梁。通过体育活动，学生可以在锻炼身体的同时培养自律、团队协作和坚韧不拔的品质。教师在体育教学中应注重培养学生的道德情操，引导他们在竞技中学会尊重对手、公平竞争，形成积极向上的人生态度。这样的体育教学既满足了培养学生身体素质的需求，又有助于形成健全的道德体系，为学生未来的成长奠定坚实基础。

综观体育教学，"德"在其中主要具有以下五点意义：

（一）培养学生的坚强意志

相较于竞技类体育教学，高校体育教学并未对学生的技战术设立过高的标准和严格的要求。然而，现代体育教学已经摆脱了仅关注技战术和身体素质的狭隘框架，转向培养学生优良品质和坚韧意志的全新目标，以满足当今社会对全面发展的需求。举例而言，跳马和双杠要求学生具备勇气、自信和愿意挑战自我的品质，而长跑则需要学生展现出耐力和持之以恒的特质。足球、篮球等团体项目则需要学生通过长期的实践和学习来逐渐掌握技能。在这个背景下，体育教师应以体育教学大纲为基础，灵活创新教学内容，并对每位学生进行个性化的特殊处理。通过一系列差异化的体育教学活动，培养学生坚持不懈、敢于拼搏、勇往直前的道德品格。跳马、双杠等项目既是对技能的挑战，更是对学生内在素质的考验。这不仅培养了学生的体能，也锤炼了其心理素质，使其具备面对困难时不屈不挠的品质。体育教育的价值在于将运动中培养的品质融入学生未来的工作和生活。通过挑战性的体育活动，学生不仅获得了身体素质的提升，还形成了积极向上的人生态度。体育教育不再仅仅是技能的传授，更是对学生品格、意志力的塑造。这样的综合培养有助于学生更好地适应未来社会的竞争和挑战，为其全面发展奠定了坚实的基础。

（二）培养学生的竞争意识

在当代社会的高效率、快节奏中，突出个性、脱颖而出的能力对于成功至关重要。为了在激烈的竞争中立于不败之地，人们必须时刻保持最佳的竞争状态。这要求个体具备敢于拼搏、敢于竞争的精神，而体育教学则为培养和发展这种竞争素质提供了重要的发展空间。竞争意识，简而言之，是对外界活动持积极应对心理反应的能力。在现代社会中，人们在竞争意识的引导下进行各种竞争行动，以在职场、社交和生活中取得优势。体育教学通过组织体育竞赛和活动，突显了体育运动项目中的竞争因子，为学生提供了一个锻炼竞争意识的平台。通过一系列体育竞赛和活动，体育教学激发学生身上的竞争因子，调动学生的竞争细胞，激发学生的最大潜能。学生在体育竞争中不仅仅是在技能上的角逐，更是在竞争意识的熏陶中，内化竞争精神，树立顽强拼搏的竞争意识。这种竞争意识的培养有助于学生更好地适应社会的竞争环境，增强其在职场和生活中应对挑战的能力。从德育的角度看，体育教学的德育功能主要体现在激活学生的内在竞争意识。这不仅包括在竞争中坚持规则、尊重对手，还涉及在成功和失败中保持良好的道德行为规范。通过体育教学培养的竞争意识，学生能够更好地理解胜败的真谛，树立起坚韧不拔、顽强拼搏的品格，使其在社会生活中更具有责任感和道德素养。因此，体育教学在培养学生的竞争意识方面发挥着重要作用，为其未来的发展打下坚实的基础。

（三）培养学生的团队合作意识

尽管当今社会充满激烈竞争，然而，这并不能掩盖合作是社会运行的主旋律这一事实。在合作中，个体所创造的效益远远无法与合作带来的群体效益相媲美。合作的力量是无可比拟的，因为它蕴含了共同努力所能取得的巨大成就。合作意识则成为个体对于共同行动和行为规范所赋予的情感与认知，是引领合作行为发展的方向标。合作意识在体育运动项目中得到了充分体现。篮球、排球、足球、接力、拔河等集体类运动项目的进行，单凭个体力量很难完成。在这些活动中，不仅需要掌握项目特有的技战术，更需要队员之间的紧密协作。只有通过团队的默契配合，个体的价值才能在集体中得到最大的发挥，最终实现个人和团队的共同目标，取得比赛的胜利。体育教学不仅为学生提供了交流沟通的平台，同时也在建设良好人际关系上发挥了桥梁的作用。通过参与集体运动项目，学生之间的关系变得更为密切，交流更为频繁。在这互动中，形成了相互帮助、相互关心、团结合作的和谐氛围。这种集体温暖不仅让学生感受到团队的力量，也逐渐养成了团结协作的精神，树立了集体主义的观念。这一切都为学生未来融入社会提供了坚实的人生基础，培养了他们面对困难时的团队协作和应对挑战的能力。因此，体育教学在塑造学生的合作意识、促进人际关系的发展方面发挥了重要作用。

（四）培养学生的自我约束能力

自我约束能力，简而言之，是个体能够自主控制自己行为的能力。在学校体育教学中，特别是以室外活动为主的动态群体行为中，教学管理相对于常规学科来说确实具有一定的困难，因此需要建立一定的行为规范，以保障体育教学活动的有序进行。以运动竞赛项目为例，例如"三大球""三小球"、田径以及各种集体类体育运动竞赛项目，都必须遵循特定的规则。参与者需要通过切身行动来维护和捍卫这些规则。规则对每位参赛者都是公平的，它们就像一把标尺，用来衡量和监督每个参与者，促使他们时刻保持清醒的头脑，用明确的规则来约束自己的运动行为。规则的存在不仅对他人负责，更对自身负责。通过遵循规则，学生不仅能够更好地参与体育竞赛项目，还能够培养出较高水平的自我约束能力。规则的制定和执行过程本身就是一种自我约束的过程，要求学生在运动中不仅仅考虑自己的表现，还要考虑整体团队的利益和赛事的公平性。通过长期的规范运动竞赛项目的过程，学生能够自然而然地形成良好的组织纪律观，提高自我约束能力。这种能力不仅在体育场上发挥作用，更会渗透到学生的日常生活和未来的职业发展中，成为他们成熟、负责任的重要素质之一。因此，学校体育教学中的规则与自我约束的培养相辅相成，为学生成长奠定了坚实基础。

（五）调节学生的身心健康

随着社会经济的迅速发展，人们面临的生活压力和工作压力日益增大，在这样的背景下研究发现体育运动具有释放压力、保持心情愉悦、满足心理需求的积极作用。因此，在体育教学的过程中，我们需要注重学生生理和心理的双重发展，不仅要关注身体素质的全面提升，还要关心学生在日常训练中的心理状态。体育教学不仅仅是为了在科学合理的运动负荷下提升学生的身体素质，更应该在培养学生的心理健康方面发挥积极作用。通过体育课程，学生可以在锻炼身体的同时释放紧张的情绪，达到心灵的平静。在团队运动中，学生能够建立友谊，增加社交互动，从而缓解因社会压力而产生的孤独感。在个体项目中，学生可以通过挑战自我，达到自我超越的愉悦感。因此，体育教学不仅关注学生的体能水平，更注重提升他们的心理素质。学生在体育课堂上所获得的，不仅仅是一个健康的身体，更是一种积极的心态。通过合理设计的体育教学内容和方法，学生在锻炼中体验到挑战与成就感，从而在身心上得到全面的提升。体育教学的真正价值不仅在于培养学生的身体素质，更在于让他们在运动中找到快乐、释放压力、建立良好的心理状态。这样的体育教学不仅关乎学生的身体健康，也关乎他们的全面发展和幸福感。因此，我们应该更加关注学生的生理和心理需求，通过体育教学实现他们身心的双重发展。

二、中外"寓德于体"教育思想的比较分析

（一）国外不同时期的"寓德于体"思想研究

1. 古埃及和古希腊时期

在古埃及，人们极为重视子女的教育，关注的不仅是身体健康，还包括智力和德育的培养。从婴儿期开始，古埃及的父母就注重让孩子们与大自然亲近，让他们赤裸着身体在户外活动，享受充足的阳光和新鲜的空气。这早期的体验为孩子们奠定了对自然的感知基础。随着孩子们逐渐成长为儿童少年，古埃及的父母会根据他们的年龄和个性特征，开展一些适合的游戏活动。这些游戏不仅满足了孩子们对活动的需求，

还促使他们在玩乐中培养出团队协作、竞争意识等品质。当孩子们进入青年时期，古埃及的父母鼓励他们参与一些激烈的球类游戏和剧烈的户外运动。这种训练不仅有助于培养身体素质，还在运动中培养出遵守纪律、团结友爱、协作共赢的良好品格。体育运动不仅有助于"体"的发展，也为"德""智""美"的全面发展提供了支持。古埃及的教育理念强调通过体育运动项目的开展，培养孩子们的身体素质，同时在童年、青年时期通过各类活动锻炼他们的德育品质。这种综合的教育方式有助于培养出全面发展的个体，为古埃及的子女提供了坚实的人生基础。

古希腊人对美德的理解超越了单纯的外在美，涵盖了道德和心理的健康。他们坚信，只有在智慧、行动、身体的全面发展中，美德才能得以体现。因此，他们提倡培养"智慧的人"和"行动的人"相统一的教育理念。在古希腊人的眼中，体育训练不仅仅是为了发展身体力量和军事技能，更注重通过体育锻炼，培养出坚强、勇敢、礼让、果断、智慧等良好品格。苏格拉底曾强调："体育和音乐教育一样，应该让他们从小就开始接受，而且体育训练应该十分小心且要终其一生。"他认为美好的灵魂能够在可能的范围内改善体质，强调了体育与灵魂修养的密切关系。古希腊的其他思想家也从各个维度深入论述了体育与道德之间的联系，一致认为体育具有不可比拟的道德教育价值。在古埃及人和古希腊人的教育理念中，体育游戏和体育比赛被看作是一种深层次的道德教育。选择适合各个年龄阶段的体育活动，不仅有助于强身健体，更能在锻炼身体的同时，丰富个体的业余生活，提升他们的道德水平。这体现了他们对人全面发展的追求，强调了全面发展包含身体、心理和道德的多维度。在"寓德于体"的教育思想下，古埃及人和古希腊人的教育理念为后人提供了深刻的启示，值得我们学习与反思。通过体育锻炼这一载体，实现身体、心理和道德的协同发展，是一种值得珍视的教育理念。

2. 文艺复兴和启蒙运动时期

文艺复兴后期法国人文主义思想家蒙田在教育理念上强调："教育绝不是着重于一个人心灵的培养；我们的教育也不是注重到一个人身体的锻炼，教育的对象是整个的人；我们决不能将之一分为二……我们必须同等地给予发展，就像一鞭指挥着双马一样。"这一观点突显了对人的全面培养的追求，将心灵、身体、道德统一看待。在这个理念的指导下，体育在教育中扮演了重要角色。体育在这一时期被赋予了多重目的，其中之一是为了培养学生坚强的心灵。蒙田认为，有坚实的肌肉才能拥有坚强的心灵。通过体育锻炼，学生在面对挑战和压力时能够展现出内在的坚韧与毅力。此外，体育教育还旨在培养劳动习惯，使学生养成忍受痛苦的品质。这种培养是通过体育锻炼的各种艰苦训练来实现的，从而使学生在生活中更具毅力和逆境应对能力。蒙田认为，为了使学生能够承受未来的生理和疾病的折磨，体育锻炼是必不可少的。这强调了体育教育对于身体素质的提高，通过适当的运动训练，学生的身体将更加强健，有助于应对各种健康挑战。文艺复兴后期法国人文主义思想家蒙田的教育理念强调体育教育要达到全面培养学生的目的。体育锻炼不仅仅是为了强化身体素质，更是为了提高心智素质和培养良好的道德品质。学生在体育锻炼的过程中既锻炼了身体，又在潜移默化中培养了坚毅、吃苦耐劳等积极品格，使"身心既美且善"成为当时希腊人体育教育的主旋律。

英国著名的教育家约翰·洛克强调了体育在整体教育中的重要性，认为体育是一切教育的基础。他将教育主要划分为德育、体育和智育三部分，而在这三者中，他强调体育的重要性。在洛克的观念中，培养健康的人才是教育的核心任务，而体育是实现这一任务的首选手段。基于这一教育理论，洛克进一步提出了适应当时社会发展的"绅士评比准则"。在这一准则的第一条中，他强调绅士必须具备平衡发展的身心。他认为，一个真正的绅士不仅应该拥有强健的体魄，还应该具备良好的教养和优雅的风度。这一观点在他的经典作品《教育漫话》中得到了印证。在洛克看来，"人生幸福有一个简短而充分的描述：健康的心智寓于健康的身体"。他认为，只有身体和心智都健全的人才能真正实现幸福，而无论获得了多少其他物质，如果身体或心智有一方面不健全，那些都是枉然的。洛克强调了"健全的精神寓于健康的身体"的重要性，将这一理念确立为主流教育思想。这一观点强调了身体健康与心智发展的密切关系，为后来的教育理论提供了深刻的启示。

启蒙运动时期的思想家卢梭提出了"身心统一论"的基本理念，强调人的身体和心理是不可分割的，二者需要成比例地良好发展，才能适应社会和大自然的要求。在他看来，教育的核心在于使身体锻炼和思想锻炼相互调和，这被视为教育的最大秘诀。卢梭关注感觉经验，特别强调积极参与体育运动和比赛。他认为，运动和比赛有助于平衡竞争与合作，通过体育活动锻炼身体，净化心灵。他的观点强调了体育的综合效益，不仅强调了身体的健康，还关注了心灵的清新和平衡。卢梭提倡广泛修建体育设施，推广体育竞技项目和游戏环节，强调了体育在社会中的普及和推动作用。他认为，通过提供更多的体育机会，可以促进人们更广泛地参与体育活动，从而获得全面的身心发展。卢梭强调进行体育锻炼的关键时期应该是在童年。他认为，在这个时期，孩子的自我意识刚刚形成，理智还不成熟，具有极大的可塑性。他主张通过体育锻炼来塑造儿童的自我意识和理智情感，为他们的全面发展奠定基础。卢梭的体育思想突显了体育在个体综合发展中的重要作用，尤其注重体育对心理、道德的正面影响，为后来的体育教育理念提供了有益的启示。

约翰·亨里希·裴斯泰洛齐是瑞士著名的民主主义教育家，他深刻地理解体育教育对身体素质和道德教育的重要性。裴斯泰洛齐认为，体育教育不仅对身体发展有着显而易见的益处，而且对培养良好道德品格同样具有旗鼓相当的重要性。裴斯泰洛齐认可体育教育对身体素质的价值。通过适宜的体育训练，儿童的身体和心理可以实现健康长足的发展。这不仅有助于提高儿童的身体素质，还无形中促进了道德教育目标的达成。在裴斯泰洛齐看来，一个健康的身体是道德发展的基石，因为身体的健康为心智的清晰和正面的情感体验提供了有利条件。裴斯泰洛齐强调长期坚持不懈的体育锻炼对意志品格的塑造具有重要的影响。他认为，不怕吃苦、敢于拼搏、勇于挑战、团结友爱、互助协作等道德品质都是体育锻炼的衍生品。通过体育活动，儿童能够培养坚韧不拔的意志，养成团队协作的精神，从而为未来的挑战做好准备。裴斯泰洛齐坚信，通过体育锻炼，儿童能够培养出积极向上的品格，成为有道德观念的社会成员。在裴斯泰洛齐看来，体操是达成这一目标的有效手段之一，其目的在于"使儿童的身体四肢、智慧和心灵处于相互统一的和谐整体之中"。此外，他还强调手工劳动、竞技、体操和游戏的意义重大，认为这些活动能够全面发展儿童的身心，促进他们的道德教育。裴斯泰洛齐主张体育教育应遵循客观规律，安排儿童进行科学合理的运动。他坚信通过适宜的体育锻炼，可以全面提升儿童的身体素质，培养其道德品格。他的"寓德于体"思想强调了身体和心灵的和谐发展，强调童年时期是培养道德品格的黄金时期。通过游戏、竞技比赛等活动，儿童能够养成不畏吃苦、自立坚强、团结合作、勇于竞争、挑战自我等优良道德品格，为其未来的成长和社会参与奠定坚实基础。裴斯泰洛

3. 近现代时期

在近代德国，体育在人们的生活中被视为保持身体健康的一项重要手段。然而，在 18 世纪后期，体育教育的重心逐渐发生了变化。德国体育教育家为体育教育的发展做出了积极贡献。同时，德国学前教育家在儿童早期教育中推崇体育锻炼，提出了培养学生身心全面发展的理念。还有学者强调体育运动锻炼不仅仅是为了养生，更应侧重于学生的强筋健骨、技能提升和品格塑造。他认为，体育教育应当全面发展学生的身体和心智，培养其具备竞技精神和健全品格。这为体育教学确立了多方面的目标，超越了仅仅关注卫生的传统理念。弗里德里希·威廉·奥古斯特·福禄贝尔，被誉为"幼儿教育之父"，强调抓住儿童早期教育这一黄金时期，通过优先进行体育锻炼，开启学生的运动天赋。他主张在游戏和竞技中开发儿童的智力和道德品质，形成科学的道德观念。福禄贝尔认为，游戏是儿童心智发展的首要手段，通过游戏能够认识外在世界，积累原始经验，锻炼身心能力。他认同游戏活动对心灵的积极影响，强调游戏是一种能形成非常强大力量的心灵沐浴。福禄贝尔的理念使体育游戏活动在体育教育中得到了更多的关注。一系列的体育游戏活动逐渐养成了学生公平正义、忠诚苦干、顽强拼搏、自我约束、团结友爱等品质。体育锻炼不仅仅关注生理健康，更注重道德品格和智力的全面培养。近代德国体育教育在古兹姆茨和福禄贝尔的引领下，摆脱了单一的卫生导向，注重学生身心的全面发展。他们为体育教育注入了更多的人文关怀和个性发展的理念，使体育教学更加符合学生的实际需求，为学生的未来成长奠定了坚实的基础。

在 19 世纪 20 年代末，英国体育思想家对体育运动和竞技游戏在教育中的作用提出了重要观点。他主张通过广泛开展竞技游戏，培养学生的顽强、果断、正直的思想品格，以提升学生的全面素质，从而改善整体教学效果。这时期的英国社会对竞技和

体能的关注开始显著增加，尤其在教育领域引起了广泛关注。19 世纪 50 年代，小说《汤姆·布朗的学校生活》的问世加强了人们对竞技和体育的关注。这部小说描绘了英国拉格比公学的生活，对竞技和体育的关注在小说中得到了生动的展现。小说所反映的对竞技和体能的关注在当时社会中产生了深远的影响，激发了人们对体育教育的热情。赫伯特·斯宾塞的《教育论》进一步加深了对体育教育的思考。他强调体育教育要遵循客观规律，用科学的思想统领整个体育锻炼过程。斯宾塞主张注重体育活动的自然性，反对过度强调人为色彩。他认为体育锻炼要尊重学生的本性，通过科学合理的方法激发学生的兴趣，使体育教育更具吸引力和实效性。爱默生的思想对健身运动和竞技产生了深远的影响。他强调强健的体魄是完成伟大使命的基础，认为体能是勇气和道德力量的源泉。健康被视为人生最大的财富。爱默生认为游戏活动是完整教育的不可或缺的组成部分，尤其对儿童而言，游戏活动中的理论才能真正生效，成为最终的幕后真正的教育者。19 世纪英国的体育教育思想在竞技游戏、全面素质培养以及科学理论指导下发生了深刻变革。这一时期的体育教育理念为后来的教育体系提供了重要的参考和启示，使体育教育更加注重学生的全面发展，将竞技和体能融入到教育的全过程中。

爱默生的人类自我完善和自立哲学为 19 世纪的体育教育思想提供了重要的指导意义。他强调强健的体魄是实现伟大使命的敲门砖，体能是勇气和道德力量的源泉。他认为，健康是人一生中最大的财富。在他看来，离开游戏活动，空谈理论的教育是不完整的。特别是对于儿童，只有通过赋予游戏活动以游戏理论，这些游戏本身才能真正成为幕后的教育者。这种理念强调了游戏和竞技活动在儿童身心发展中的关键作用。清教哲学和基督教观念进一步强调了竞技运动对道德品格的影响。认为适度的竞技运动有助于培养道德品格，使个体更好地适应社会和实现自我价值。这为"寓德于体"教育思想的深入发展提供了精神支持。苏霍姆林斯基在 20 世纪对体育教育进行了深刻的思考。他认为，体育在人个性全面发展中发挥着不可替代的作用。德育、智育、体育、美育、劳动教育被视为教育的重要分支，相互影响、密不可分。体育不仅仅是锻炼身体，还关系到道德、心理、宗教等多个方面。苏霍姆林斯基强调在不同成长阶段应进行不同形式的体育教育，使体育教育更有针对性。他的思想进一步拓展了"寓德于体"理念的内涵，认为体育锻炼是涉及复杂问题的综合性过程。这一时期"寓德于体"教育思想在体育家和教育家中的推崇表现为对德育教育的强调。他们普遍认为体育锻炼不仅仅是为了强身健体，更是塑造道德品格、培养自主能动性的有效途径。通过纯天然的游戏和竞技活动，人们能够锻炼筋骨、激发情感、培养道德，最终形塑性格、磨炼心智。身体素质的提高伴随着人的青春活力和自信心的增强，进而影响心态和性格的柔和。在这一时期，"寓德于体"教育思想深刻体现了对体育教育中道德教育重视程度的认知。人们强调体育活动中的独立性和自主能动性，体现了体育锻炼不仅仅关乎生理素质，更涉及道德、心智等多个方面的发展。这一思想影响深远，为后来的体育教育理论提供了坚实基础。

（二）国内不同时期的"寓德于体"思想研究

1. 先秦时期

古代中国的"造棋教子"故事源自《路史·后记》，记载了尧的儿子丹朱性情傲慢，兄弟间矛盾丛生。为了调和丹朱的情绪，尧决定通过制作围棋进行教育，希望通过"棋道"引导他改正邪行。这个故事表达了围棋在道德教育中的独特地位，体现了"守之以仁、行之以义、秩之以礼、明之以智"的教育理念。在春秋时期，老子提出"不失其所者，久也。死而不亡者，寿也。"的思想，强调人在追求长寿时，除了保养肉体外，还需注重精神人格的塑造。这为养生观念的进一步发展奠定了基础，将养生从单纯的生理保健扩展到心灵层面。孔子作为伟大的思想家和教育家，提出了"礼、乐、射、御、书、数"等六艺，其中体育活动如射御被纳入教学内容。他主张培养文武全才的人，注重德、智、体的全面发展。孔子对射的重视并非仅限于技能，更强调在行射过程中培养学生的道德修养，通过射的实践学习礼数。墨子则提出"厚乎德行，辩乎言谈，博乎道术"，将"德行"作为衡量个体的标准。他通过体育活动，如行射，来锻炼学生的耐力、毅力，培养吃苦耐劳、勇敢挑战的品质，以此塑造坚韧不拔的人格。荀子是一位唯物主义教育家，他认为体育活动的重要性不仅在于促进身心健康，还能影响社会风气，使人心性和谐。他倡导通过乐行和礼修来达到人的全面发展。这一时期的"寓德于体"教育思想凸显了体育在培养德行、塑造品格、促进全面发展方面的重要性。围棋、射御等体育活动被看作不仅是锻炼身体的手段，更是培养品德、强化道德修养的途径。这些观念为后来的体育教育理论提供了深刻的启示，使体育的教育功能得到更全面的认知。

2. 唐宋、明清时期

在唐代，以木射为代表的体育活动盛行：用木为猴，以球代箭，用球击射木猴。木射场地上一端设立15根笋形平底木柱，其中有5根木柱分别用墨笔写上"傲、慢、佞、贪、滥"，10根木柱分别用朱笔写上"仁、义、礼、智、信、温、良、恭、俭、让"。参加比赛的人员纷纷在木柱的对面用木球往木柱方向抛撒，击中有朱笔写字的木柱即获得胜利，反之，则视为失败。通过这种带有朱笔和墨笔字迹的木柱，我们可以看出古人对哪些道德信仰持肯定态度，对哪些道德信仰持否定态度，进而帮助参加体育运动的人们形成正确的道德评判准绳。儒家"仁爱"思想在古代体育运动中也得到了很好的体现。在体育运动过程中，侧重点由取胜转移到了道德层面的比较，倡导"君子之争"，体育的礼仪性、娱乐性、伦理性在该时期体现得淋漓尽致。

在明末清初，教育家、思想家颜元提出并实施了一种全面发展、文武双全的教育理念，将体育视为培养学生德智体全面素质的重要手段。他深刻理解体育的多层次价值，特别强调了体育在德育和智育方面的作用。颜元对体育德育功能有着清晰的认识。他指出，人之心不可闲置，一旦心灵闲散，就容易导致逸乐、逸放。通过习礼、乐、射、御等体育活动，可以有效地引导人们的心智，使其始终保持活跃。颜元认为，在进行习礼、乐、射、御等体育活动时，人们不仅能够强健筋骨，还能通过这些活动中的礼仪、音乐、射击、驾驭等要素培养道德情感、塑造品德。这种观点体现了他对体育德育价值的深刻认知。他将"礼、乐、射、御、书、数、兵"列为学习的重点课程，强调"射""御""兵"是基础中的基础。他认为这些体育活动不仅能够锻炼身体，更是培养德育、智育的有效途径。通过习射、御、兵等活动，不仅可以激活血脉、强壮筋骨，还可以培养出谨慎、勇敢、纪律性强的品格。颜元的体育教育理念突破了单一的体魄强化，强调身体锻炼是道德修养和智慧成果的增进过程。他倡导每日练习，相信长期坚持体育锻炼能够实现身心的双向和谐发展。颜元主张身心一致，认为只有德育、智育、体育三者同步发展，才能培养出社会所需的栋梁之材。颜元的教育理念为后世的全面教育、体育智育和德育的有机结合提供了先驱性的思想基础，对于中国古代体育教育的多功能发展产生了深远的影响。

3. 近现代时期

强调了体育在塑造完整人格、培养健康个体中的首要地位。蔡元培明确表示："完全人格，首在体育。"他坚持将体育视为人格发展的基础，认为体育是塑造完整人格、培养健康的关键。他对体育和德的关系进行了辩证的思考，认为体育是根本，而道德教育则是体育教育的衍生品。他强调，单纯空谈道德的体育或者只强调体育而忽视道德，都是不可取的。将体育和道德结合起来，才能真正实现人格的全面发展。

在这一时期，中国的教育思想强调了体育在学校教育中的基础地位，并提出了将德育与体育相结合的理念。教育家认为，体育不仅仅是强身健体的手段，更是培养公民道德意识、高尚人格的有效途径。他们强调运动过程中对人的道德素质的建构，强调"德体并进"的理念，认为胜负只是运动的一部分，而更重要的是运动过程中的品格培养。他们指出，体育锻炼可以促使人与人之间变得亲近，增强团队荣誉感，使竞争与合作共存。他将竞赛视为锻炼团队合作守法习惯的手段，而体育则被看作促进团队道德养成的工具。这一思想认为，通过体育活动，个体不仅能够培养个人品德，还能够在团队中学会合作、守法等道德行为。马约翰则在体育的价值问题上有所突破，强调体育具有磨炼性格的价值。他认为，在体育的世界里，人的勇敢、顽强、拼搏等性格品质得到极大的激发。马约翰强调体育最重要的效能是塑造人格，弥补教育的不足，让学生学会负责任，学会帮助关心他人。这一时期的"寓德于体"教育思想认为体育的价值不仅仅局限于健身，还包括培养道德、塑造人格等精神层面。体育所强调的团结协作、竞争突破的精神也与爱国强国的理念相契合，为祖国的建设提供了综合性人才。这一思想为体育在学校教育中的地位提供了坚实的理论基础。

第二节　"寓智于体"教育思想

一、"启智促健"是高校体育教学的必然选择

在当今社会，素质教育已经成为教育的主导理念，而体育教育作为教育的重要组成部分，不仅仅关注学生的身体健康，更应该将视野扩展至智慧技能的提升。在这一背景下，体育教育的理念逐渐演变为"启智促健"。"启智促健"强调体育教学不仅是身体锻炼的手段，更是促使学生思维活跃、提高综合素质的重要方法。这一理念认为，通过体育教育，学生除了获得身体上的锻炼外，还能培养创造力、团队协作、问题解决等智力技能。体育活动被看作是激发学生智力潜能、培养创新思维的有效途径，使学生在运动中既能锤炼身体，又能激发智力，实现身心全面发展。在高校体育教学改革中，"启智促健"成为不可忽视的趋势。高校体育教学不再仅仅注重技能的传授和运动能力的培养，更关注学生智慧技能的培养。这可能包括在体育活动中引入问题解决、团队合作等元素，通过体育教学激发学生的创造性思维和创新能力。这样的改革不仅有助于提升学生的智力水平，还符合素质教育的核心理念，为培养具备综合素质的人才提供了更为全面的教育路径。"启智促健"不仅是体育教学的发展趋势，也是适应当今素质教育需求的必然选择。通过将体育教育与智慧技能的培养有机结合，可以更好地实现学生的全面发展，使体育教学在培养未来社会所需人才方面发挥更为积极的作用。

（一）体育教学过程中"启智"的必要性

"启智"一词表明了在体育教育中注重激发学生的智力，并将其发展成为全面发展的个体。尽管研究表明参与体育运动可以激发学生的智力，但并不意味着仅仅通过参与运动就能够达到智力全面提升的效果。智力和运动之间存在一定的关联，但也存在一些矛盾。因此，寻找智力和运动之间的平衡点成为解决问题的关键，也是研究的重要课题之一。体育教育在寻找智力与运动的平衡点上发挥了关键作用。它帮助学生成长为全面发展的综合型人才，注重培养学生的道德、智力和体能。尽管体育运动能够确保大脑获得良好的发育，为智力发展提供基础，但智力的发展和体力的发展并不会同步。体育教育被看作是体育运动的一种补充，起到了营养剂和催化剂的作用。在体育运动过程中，体育教育影响学生智力的发育，最终帮助学生实现全面发展。在体育教学过程中，运用"启智"是十分必要的。单纯注重技能练习而忽视智力的培养可能导致学生无法全面认知和掌握所学的运动技术规律，从而阻碍其智力和智慧技能的发

展。体育教学需要通过具体的体育锻炼，引导学生内在的智慧得以激发。体育教师应善于引导学生运用多种学习策略，提高体育学习效率，确保学生在运动中不仅强身健体，还能够在智力上得到全面的提升。这样的综合性教学方法有助于培养学生更为全面的素质，使其在未来能够更好地应对社会的挑战。

（二）启发学生智力，习得智慧技能的方法

1. 启发学生元认知参与体育教学

在西方，有一句流传广泛的说法："未来的文盲不是不识字，而是没有学会怎样学习的人。"与此相呼应，在东方，尤其是在中国，有一句古语："授人以鱼，不如授之以渔。"这两种文化传统都强调的是教育的本质是培养学生学习的能力，而非仅仅传授知识。这种理念在中国宋代就得到了教育家朱熹的倡导，他强调教师应该教会学生学习的方法，而不仅仅是学习特定的内容。他认为，教师的责任是为学生引领方向，而学习的实质则需要学生自己去领悟和努力。在中国当代，教育家叶圣陶进一步发展了这一理念，提出"教是为了不教"。他主张教育应该让学生学会学习，而不是一味地、无休止地灌输知识。这反映了对学生主体地位的关注，强调学生在学习过程中的主动性和自主性。这也符合当今教学改革的理念，即强调学生的能动性，倡导培养学生的创造性思维和解决问题的能力。"授之以渔"对教育提出了新的要求，特别是在体育教育中更显重要。它要求体育教师不仅要传授运动技能，更要激发学生的元认知能力，让他们学会如何学习体育知识和技能。这种启发式的教学方法能够培养学生的独立思考和解决问题的能力，使他们在面对新的体育活动时能够更加灵活应对。"教会学生学习"已经成为教育的普世真理，这一理念不仅强调学生的主体地位，也呼应了当今教学改革的方向。在体育教育中，更应该注重培养学生的学习策略和元认知能力，使其能够在体育运动中不断学习、自主发展。

"元认知能力"指的是对认知过程进行调解和监控的能力，对于促进学生学会学习具有重要的意义。在体育教学中，元认知过程涉及对任务知识、个体知识和策略知识的认知，是学生在体育学习中对目标、制约因素和学习策略进行了解的过程。以体育教学为例，学生在体育课前对自己要达到的体育目标、可能遭遇的制约因素以及学习体育知识需要调动哪些思维和记忆等方面有所了解，将有助于提高学生体育知识学习的效率。在元认知体验中，学生不断调整认知策略，以选取最佳策略。在体育教学中，元认知的体验是最重要的体验之一。学生通过观察和体验，逐步验证自己的动作是否正确合理，通过一次次的失败和调整最终掌握体育技能。这样的体验可以调动学生认知的积极性，激发学生的认知潜能。因此，教师在体育教学中应教会学生掌握正确的元认知知识，让学生体验认知活动中自我调节与自我监控的快感，激发学生自觉思考的能力。教师在体育教学中的角色是引导学生参与体育活动的热情，激发想象潜能和创造性思维。教师的任务不仅仅是传授知识，更应该帮助学生从传统的"接受"学习

束缚中解放出来。教师要引导学生发现学习的乐趣，形成适合自己的学习理论和方法，成为学习的主人。此外，教师还应引导学生进行学习方法和学习策略的分析与总结，帮助他们不断调整、控制学习活动，使学生成为学习的真正主人。这样的教学理念与当今教育改革的方向相契合，注重培养学生的自主学习和元认知能力，使他们能够更好地应对未来学习和生活的挑战。

2. 启发学生进行新知识的建构

与动物不同，人脑具有独特的能力，能够对已掌握的知识和方法进行加工整理，形成新的知识和方法，并广泛应用于未来的学习生活中。在体育活动中，由于其多变性，学生需要根据不同的变化，调整认知策略，重新构建已有知识，以适应新的认知要求，掌握新的体育知识和技能，取得优异的比赛成绩或练习效果。这对学生的知识建构提出了新的要求，要求他们在面对不可预测的比赛细节时，调动认知细胞，创造属于自己的奇迹。布鲁纳提出，外部进入知觉的因素为智力成长提供了空间，学生需要在教师的引导下重新组建大脑中已积攒的体育技能，利用新的组建结果解决新问题。因此，教师的引导和帮助至关重要，能够帮助学生习得智慧技能，促进智力发展，使他们能够独自应对未来的新问题。体育教师在教学中应该教会学生拓宽思维，建构知识。首先，要全面了解学生，掌握他们智力发展的规律，然后深入研究教材，找到适合学生的教学方法，激发学生的积极性和创造性。教师应该不断突破常规思维，不陷于懒惰，不仅教授学生常规的技术动作组合，还应创编新的动作组合，以满足学生不同的兴趣需求。只有通过激发学生的主观能动性，才能让他们真正学会学习，培养他们在未来学习生涯中的主动学习、主动探索和主动创新的能力。在这个过程中，教师的引导起到了至关重要的作用，为学生的智力和技能的全面发展提供了有效的支持。

3. 启发学生进行知识的迁移

知识的迁移在未来学习过程中扮演着不可或缺的角色，它使人们能够将已有的知识应用于类似的情境，解决新的问题。这是人类独有的特征。知识的迁移教会学生使用一种学习方法来处理后续遇到的相似问题。学习的信息加工理论认为，新知识在记忆系统的编码、储存和提取过程中，是新旧知识相互作用的过程。学习即是用新获得的知识不断替代原有知识的过程，这种替代具有某种特殊的关联性，从而形成知识的迁移。通过知识的迁移，学生能够举一反三，运用一种知识解决多种问题。正迁移是指大脑中已有知识对后续技能习得有积极影响的迁移。在教学中，我们应当鼓励学生进行正迁移，这将有助于提高学习效率。在体育教学中，不仅要关注技能的迁移，还应关注横向学科联系和技术原理的迁移。为了激发学生的兴趣，教师不仅要教授体育运动技能，还要引导学生将体育与其他学科如生物学、物理学、卫生学等联系起来，构建一个全方位的、立体的知识体系。学生在应用新获得的知识体系理解体育技能结构和意义的过程中，将会取得丰富的收获。在这个过程中，学生逐渐领悟到教师引导他们完成动作背后的真正意义。深刻理解体育运动技能规律之后，学生在面对新的困难时也能更轻松地解决。这种知识的迁移属于正迁移范畴，而教师的正确引导在其中扮演着至关重要的角色。当学生感到困惑时，教师应耐心引导，启迪他们朝着正确的关联方向思考，最终促成正迁移的产生。通过这样的正迁移过程，学生能够摸索出体育学习的真谛，并将体育学科规律延伸到未来的各个学科和领域，成为具有丰富知识迁移能力的学习者。

当今体育课程标准已经迈出了安排具体教学内容的低级阶段，为学生和教师提供了更广阔的学习与教学空间，注入更多创新性。在体育教学过程中，教师应根据学生的兴趣和身心发展特点，选择能够激发学生积极性的体育运动内容。这不仅能够为学生提供乐趣和成功体验的运动项目，还能让他们更主动地参与到课堂教学中，真正享受到学习的主体地位。在体育教学中，虽然强调充分满足学生的兴趣和需求，但依然不能忽视掌握知识和技能的基础教学目标。帮助学生实现从"学会体育"到"会学体育""会用体育"的过渡是至关重要的。这意味着不仅要培养学生掌握体育运动的基本技能，还要引导他们理解体育运动的规律和原理，从而能够在实践中灵活运用。这个过渡的过程是一个良性的发展，为学生最终达成"终身体育"的目标奠定基础。终身体育的理念强调体育不仅是一种学科知识，更是一种终身受益的生活方式。通过培养学生对体育的深刻理解和热爱，体育教学可以为他们提供一种持久的运动热情，使其在未来的生活中能够自发地选择并持续参与各种体育活动。因此，体育教育不仅要关注学科知识和技能的传授，还要培养学生对体育的兴趣和积极参与的态度，以实现全面的体育素养和终身体育的目标。

二、"尽心尽智"是高校体育教师应有的态度

现代体育教育在提高学生身心健康方面发挥着重要作用，越来越多的教育专家认识到了这一点。体育教育不仅肩负着培养学生身体健康的使命，更有助于学生德育和智育的全面发展。因此，体育教师应该本着"尽心尽智"的态度，认真对待每一堂体育课。尽管现实中存在着将体育视为非主要学科的观念，甚至有时体育课被其他学科抢占的情况，但体育是素质教育的重要组成部分。没有体育的素质教育是不完整的。体育教育不仅仅是提供运动技能的传授，更是培养学生全面素养的途径。在这个意义上，体育教师的责任远比其他学科的教师更为重要。因此，体育教师应该全身心地投入每一堂体育课，认真完成每一个教学目标和任务，踏实地履行以下五项工作。制订合理的教学计划，明确教学目标。体育教育应该有清晰的教学方向和目标，使学生在运动中能够全面发展。关注学生个体差异，因材施教。每个学生的身体素质和兴趣爱好都不同，体育教师应该根据学生的个体差异，采用差异化的教学方法，确保每个学生都能得到适宜的指导。关注学生的身心健康，注重锻炼方法。体育课程不仅仅是为了传授技能，更是为了促进学生的身心健康。体育教师应该注重培养学生正确的锻炼

方法，使他们在锻炼中获得最大的效益。培养学生的团队合作和竞技精神。体育活动是一个团队合作和竞技的过程，体育教育应该培养学生的团队协作意识和竞技精神，使他们具备团队合作的能力。关注学生的情感体验，创造积极的学习氛围。体育教育应该关注学生的情感体验，创造积极向上的学习氛围，让学生在体育课上享受到乐趣，从而更加积极地参与学习。体育教育的使命不仅仅是传授运动技能，更是培养学生全面素养。体育教师应该发扬"尽心尽智"的精神，通过精心设计的教学计划和细致入微的教学工作，为学生提供一流的体育教育，推动素质教育的全面发展。

（一）以爱为本，因材施教

我国教育家强调："有真诚的爱心，才有流动的血脉，才有生命的教育。"一位优秀的体育教师需要怀有一颗深深爱护学生的心，将学生视为自己的孩子，倾注对教育事业的真挚热情，仿佛苏霍姆林斯基那样将整个心灵奉献给孩子们。特别是在体育考试成绩这个方面，教师需要以更多的耐心对待每一个学生，将关怀和指导融入教学中，真正关注学生的成长。以体育考试成绩为例，一个学期的学习过程中，大多数学生或许能在期末考试中取得优异成绩，但也会有一些学生因为各种原因成绩不尽如人意。在这时，体育教师需要更多的关注和关心，以鼓励这些学生在一次次的练习中挑战自己，培养自信心。体育教师要像父母一样，为学生提供持续的关怀和支持，让学生在充满爱的教育氛围中茁壮成长，从而共同建立一个"有爱"的教育环境。在补测的过程中，通过老师的引导和学生的努力，这些学生的成绩很可能会取得质的飞跃。更为重要的是，他们将体验到教育的真正意义——不仅是为了追求优异的测试成绩，更是为了在关爱的氛围中培养自己的全面发展。教师要让学生明白，测试只是一种评估工具，真正的目的是在爱的滋润下茁壮成长。这也是每一位教育者最深切的心愿。

（二）营造氛围，提高效率

体育课与文化课教学截然不同，其独特特性使得体育课具有活泼愉快的课堂氛围。体育课的终极目标在于通过和谐愉快的氛围中调动学生的兴趣，使其掌握各项运动技能。然而，由于大部分体育课内容以单纯的技战术教学和训练为主，课程可能显得稍显枯燥，难以激发学生的学习兴趣。为了解决这一问题，体育教师可以巧妙地融入适当的体育游戏，以激发学生的学习兴趣，满足他们不断增长的体育需求。通过游戏的引入，体育教学变得更加生动有趣，不仅使学生在轻松的氛围中享受学习，同时也提高了学生学习专项运动技术的效率。游戏在体育教学中的应用不仅能为学生带来快乐的学习体验，还能促进学生之间的合作与竞争，培养团队精神。通过这种方式，体育教师不仅令学生对体育活动充满热情，也在其中引导学生培养合作、团队协作的精神。因此，体育教育中引入游戏环节不仅能够提升学生的学习积极性，还能创造一个愉悦而融洽的学习氛围，使体育教学更富有趣味和创造性。

（三）优化结构，转差培优

"爱是教育的前提"，对于一名教育工作者而言，对每一个学生都要怀有关爱之心，无论他们的成绩是优异还是平平。面对一些成绩不理想、调皮捣蛋的学生，教师不应当使用言语刺挠或不理不睬，而是要学会科学、合理、机智地应对，以温和的语言教导，耐心引导，抓住他们的兴趣和关注点，打开他们的心扉，让他们意识到老师对他们的关注、尊重与认同。在这个过程中，体育教师需要付出真诚而无私的爱。体育教育应坚信真诚永远大于技巧的原则。教师对学生的全心付出，相信总有一天学生会感受到，从而朝着更好的方向发展。苏联学者苏霍姆林斯基多次强调，不可让学生对"成为一个好人"的愿望的火花熄灭。在教育过程中，体育教师的爱心和关怀对于学生的成长至关重要。通过真挚的关爱，体育教师能够激发学生对学习的兴趣，培养他们的积极向上的态度，让每一个学生都能够在关爱的氛围中茁壮成长。

（四）重视道德培养，教育学生做人

在大学时期，学生经历了从学校到社会的转折，这个时期对于一个高素质的体育教师而言，意味着有责任培养学生良好的体育道德，使其具备更全面的素质。众多古今中外的伟大教育家和思想家一致认为，体育教学不仅应该提高学生的身体素质，更应注重对学生进行精神和道德方面的教育。以奥运会为例，奥运会并非仅仅关乎比赛名次和奖牌数量，更体现了全世界人民之间的友爱和人类在奥运场上一次又一次的自我挑战。良好的体育道德是体育事业兴盛的重要因素之一，其意义不仅局限于比赛成绩，更体现在人们之间的团结和相互尊重。通过体育教学，学生不仅能够提高身体素质，还能培养出积极向上的精神品质和道德观念。体育教师在大学时期的教学中，应当注重培养学生的体育道德，引导他们树立正确的竞技观念和合作精神。通过体育教学，学生将深刻体验到团结拼搏、友爱互助的重要性，使得他们在未来走向社会时，能够成为有担当、有责任心、具备团队合作精神的社会一员。这样的培养不仅对个体的成长有益，也为社会的和谐与发展提供了积极的力量。

（五）转变教育理念，倡导合作学习

在当前我国高校教育改革的浪潮中，体育教学也积极响应，其中"合作学习"成为体育教学改革的一项关键内容。合作学习的理念在于创造一种"在合作中竞争，在竞争中合作""在乐中求学，在学中取乐"的全新学习氛围，以符合当今素质教育的最新要求。合作学习不仅仅是一种教学方法，更是一种培养学生主体性意识、激发学生创新和成功意识、培养学生责任感和合作精神的愉快方式。通过合作学习，学生能够在相互协作中培养解决问题的能力，同时在竞争中锻炼自己的竞技水平，实现全面素质的提升。这种方法有助于打破传统体育教学中的单一性和刻板印象，使学生更全面地认知体育运动。合作学习还有助于形成师生之间相互尊重、相互配合、相互理解的

良好氛围。在这样的氛围中，教师和学生能够更加融洽地互动，激发学生的学习兴趣，提高学习效果。通过合作学习，体育教育可以更好地达到培养学生团队协作能力、促进学科知识和技能的全面发展的目标，从而更好地服务于学生的全面素质培养。体育教学的最终目的是帮助学生塑造健康的道德品格，发展学生的综合素质，使之成为满足社会需要的栋梁之材。因此，体育教育工作者一定要倾注全部的爱心、力量和智慧于教育之中。

三、高校体育教学中实施培智教育的有效途径

（一）体育与智育相互联系，对人的全面发展具有重要意义

马克思的政治经济学观点深刻地揭示了人的全面发展的定义，他将劳动力或劳动能力理解为人的身体即活的人体中存在的、每当人生产某种使用价值时就能运用的体力和智力的总和。从这一观点中，我们可以看到对全面发展的本质特征的定义，即对体力劳动和脑力劳动都能运用自如的人才算得上是一个合格的全面发展的人。在马克思看来，人的全面发展不仅仅是在某一方面的单一发展，而是涉及各个方面的发展。最基础的是体力和智力的发展，因为无论从事何种社会活动，都需要手脑并用才能够完成。对于社会个体而言，单纯依靠体力或者脑力的劳动都是不存在的。人的发展需要二者有机结合，并运用到具体的社会实践中，这样才能获得全面发展。人的全面发展不仅是一种内在的客观规律，而且也是在社会实践中得以实现的。马克思和恩格斯的理论不仅揭示了人类自身发展是片面向全面发展的客观规律，而且详尽地阐述了人全面发展的本质特征和真正含义。这一观点在当代仍然具有启发意义，对于理解人的全面发展的内在机制和动力有着深远的影响

（二）体力与智力发展并进

在全球范围内，不论是东方还是西方，教育的根本目的都是培养人才，克服个体的不足，促进体力和智力的综合发展，使人趋于完善。智力，作为人对客观事物的自我认知和运用已有知识解决现实问题的能力，通常涵盖观察、想象、注意、记忆、思维、分析、判断等一系列心理活动。智力的发展首先依赖于大脑，大脑为其提供生存的土壤并持续供应营养。此外，智力的发展也与参与社会实践活动密不可分，只有通过深入社会实践，人才能获得超越常人的智力。在实际生活中，许多伟大的人物都是通过经历人生历练而成长起来的。伟大的人物并非都外表强壮，其中也包括一些瘦弱却拥有强大内心的巨人。这表明智力和体力并不一定成正比。有些人将智力和体力对立起来，出现了重视文化轻视体育或者重视体育轻视文化的错误观念。然而，居里夫人曾指出："科学的基础是健康的身体。"许多在历史上取得卓越成就的英雄人物，不仅在智慧上表现出色，而且在顽强拼搏和舍己忘我的精神上

同样出众。他们注重身体健康，体现了文武双全的特质。为实现国家强大富裕，不仅需要大量科技人才，还应该大力发展优秀的体育人才，特别是培养一批文武双全的综合性人才。这种人才既具备高水平的智力，又拥有健康强壮的体魄，能够全面应对社会的多样化挑战。

（三）体育锻炼能促进智力发展

受传统观念的束缚，长期以来，体育教学一直不受重视。很多学校注重学生的文化课成绩，对于体育成绩持忽略态度，甚至有些把体育运动看作胡蹦乱跳的体力活动。显然，这是人们对体育运动的误解。体育运动除了能够发展人的体力外，还能发展人的智力。清华大学的一位学生曾做过这样的实验：他一改往日学习 8 小时的习惯，每天从 8 小时里抽出 1 小时进行体育活动。经过一段时间的实验，他得出结论："7 小时的学习＋1 小时的锻炼＞8 小时的学习。"这就是著名的"8－1＞8"理论。由此可见，体育锻炼对于开发人的智力有着非常重要的意义。众所周知，人的智力水平可以通过如记忆能力、思维能力、想象能力、判断能力等表现出来，并且大脑为这些心理过程提供了物质条件和营养补给。那么大脑是如何产生记忆、思维、想象和判断的呢？这也是现代生命科学的研究方向。

健康的身体为智力的发展奠定了坚实的物质基础。有实验表明，经常参加体育锻炼能增强人的体质，增加大脑的重量和皮层的厚度。实验者用老鼠做实验。老鼠被分为两组，一组被关在小笼子中，限制其在里面运动；另一组被关在大笼子中，让其自由运动。一段时间过后，对它们的大脑重量和皮层厚度进行测量，结果表明经常运动的老鼠大脑皮层厚，大脑重量重，脑细胞树突明显且密集。这也印证了体育运动能强身健体、开发大脑这一科学论断。大脑是人体的司令部，是人体的总指挥部。经过漫长的历史岁月，人脑逐渐从动物那并不发达的大脑进化成智能化的人体大脑。人体大脑像饱经岁月沧桑的老人的脸，颜色发灰，褶皱遍布。大脑的主要构成单位是大脑细胞，大脑中约有 140 亿个脑细胞，其中 92 亿个集中在大脑的表层。脑细胞就像是一台电子计算机，有着接收信息、储存信息、传递信息的功能。众所周知，电子计算机内有几十万个电子元件，且体积庞大。而人脑所拥有的脑细胞要比电子计算机多一万倍左右，但是体积却比它小得多。由此可见，人脑构造是多么精密与复杂。人脑的工作需要充足的氧气和营养供给，就像电子计算机工作需要能源支持一样。这就需要我们进行充足的体育运动锻炼，来确保能量源源不断地供给大脑。

调查研究表明，经常参加体育运动的人，大脑神经细胞反应速度较快，表现在外在物质器官上就是视觉、听觉比较敏锐。国外也有学者指出，一个人的思考速度和反应速度直接反映着他大脑细胞的反应速度。大脑最大的应用就是可以对接收的信息进行加工、整理和编程，传输给下一次应用。从大脑的生理学角度分析，左右两个半脑分工明确。右半脑主要负责情感和意志，左半脑主要负责推理和思维。例如，在进行创造性思维时，左半脑起着决定性的作用，而在进行情感体验和文学创作时，右半脑起着决定性的作用。对于体育运动而言，它同时开发左右两个半脑，激发大脑的无限潜能，促进智力的跨越式发展。

（四）体育锻炼可促进健康

科学合理的体育运动不仅有助于人们强身健体，还可以促进智力的开发。然而，需要注意的是，体力的发展和智力的发展虽然有关联，但二者之间存在本质区别。体力的提升为智力发展提供了有利条件，为其提供了沃土和营养，这一点是毋庸置疑的。体力的发展并不等同于智力的直接发展，而是需要经历一个磨炼的过程。在这个过程中，需要调动大脑的多种思维细胞，通过挑战和探索发现规律，将体力逐渐内化为智力。可以将大脑比作一把刀，用大脑进行思考就像是在磨刀，需要不断地磨炼，让大脑变得更加锋利。体育运动为智力发展提供了基础，但真正实现智力的提升还需要通过思维活动和认知过程，将体力的优势转化为智力的能力。这进一步强调了体育运动在全面人才培养中的重要性，既注重身体素质的培养，又强调思维和智力的发展。

第三节　"寓美于体"教育思想

体育教学是一种有组织、有目的的教育形式，其核心目标在于通过传授体育知识、技术与技能，提高学生身心健康水平，促进其全面发展。在教育的大背景下，美育作为培养学生审美意识和欣赏创造美的能力的重要组成部分，具有深远的影响。美育不仅能够陶冶情操、丰富情感，还有助于建立崇高的思想品德。随着教育体制改革的不断深化，培养全面发展型人才成为学校教育的目标之一。在这一背景下，对审美能力的培养愈发受到关注。将美育教育融入体育教学，实现二者的有机融合，成为学校教育发展的重要方向。体育教学作为学校教育的重要组成部分，同样肩负着培养学生审美能力的职责和任务。因此，实现美育教育与体育教学的融合，构建起一种将"美"融入"体"的教学模式显得至关重要。在体育教学中实施美育渗透教育，不仅有助于促进学生个性的发展，培养创新意识与创新能力，还对全面推进素质教育起到了积极的促进作用。这种综合的教学方式旨在通过体育活动中融入审美元素，激发学生对美的感知和欣赏，培养其审美情感。同时，通过美育渗透，学生在体育活动中不仅锻炼身体，还培养审美能力，使其在美与体育的交融中得到全面的发展。深入研究强调美育渗透的教育方式在体育教学中的实施途径，对于实现体育教学与美育教育的有效结合，促进学生综合素质能力的全面发展至关重要。这样的教育理念不仅符合现代教育的发展趋势，更有助于培养具备审美能力的综合素质人才，为社会和国家的进步做出积极贡献。

一、在体育教学中实施美育渗透的重要性

现代教育的核心价值观强调培养学生的全面素质，将"德、智、体、美"等能力视为综合型人才发展的关键要素。随着我国素质教育的不断推广，培养学生的能力和素质成为教育的首要任务。在这一背景下，对于"美"这一综合素质的关注逐渐提升，其在促进学生全面发展中的作用愈发凸显。"美"作为学生综合素质体系的重要组成部分，在素质教育中扮演着重要角色。美育的实质在于通过教育方式，向学生传递有关"美"的基本内涵、构成和作用理念，使其能够体验和感悟"美"的真谛。通过美育，学生不仅提高审美能力，还实现人格的健康发展和逐步完善。美育不仅仅是一种审美的教育，更是一种引导学生树立正确价值观和人生观的教育。在美育的引导下，学生接触和欣赏美，不仅有助于提升他们的审美情感，更促使他们形成积极向上的人生态度。通过对艺术、文学、自然等方面的体验，学生可以开阔视野、培养想象力，进而在自主发展的过程中塑造个性、提高创造力。美育的价值在于将美的概念融入学生的日常生活，引导他们在审美领域形成积极、健康的态度。通过美育，学生不仅在审美能力上得到提升，还在人生观和价值观的塑造中受益匪浅。这种全面的教育理念有助于培养学生综合素质，使其更好地面对未来的挑战，成为有道德、有智慧、有体魄、有美感的全面发展型人才。

在学生素质能力的构成体系中，德、智、体、美等各种构成要素间存在着密切的关联性和相容性，"德"是实现自我健康发展的基本条件，"智"是推动自我发展过程的原动力，"体"是自我发展所必需的保障，而"美"则是渗透于三者之间，发挥着融合、促进、提升以及完善的作用。因此，在体育教学中渗透美育教育，是促进学生实现自我健康发展的有效途径。体育蕴含着丰富的"美"元素，为美育教育的渗透提供了便利的条件，而在体育教学中，通过美育教育来提升学生的审美能力，更有益于提高学生体育学习的兴趣，以"美"对学生形成高尚的熏陶与感化，使之在心灵上得到洗涤、品德上得到完善、个性发展上得到促进与推动，既有益于学生增强对体育学习的自主性，又有益于学生在认知与感悟上实现升华。学生在体育实践活动中所体现出的"美"，是一种健康的美、动态的美，能够有效促进学生对于"美"的真谛进行探求、体验与顿悟。由此可见，在体育教学中渗透美育教育，是迎合素质教育理念、促进学生实现全面发展的重要途径，是推动学校体育教学改革发展的重要动力。

二、体育教学中实施美育渗透的途径

（一）通过体育教学促使学生提高对体态美的感悟

体育教学不仅提高了学生的体育健身技能，还促进了他们体态的全面发展。通

过正确、规范的健身运动，学生不仅能够掌握体育健身机能的基础，还能够在身体各个部分实现有效的发展。这使得他们逐步达到骨骼匀称、肌肉健壮，身体各部分比例趋于协调的体态。这种通过体育锻炼所获得的健硕的体态美感，不仅满足了学生对"美"的感知需求，更激发了他们对"美"的深刻感悟，实现了感性与理性的有机转变，从而增强了他们的审美意识和对"美"的鉴别能力。体育锻炼不仅培养塑造了学生的健美体态，还有效地修塑和规范了他们的行为动作。在日常生活和学习中，学生能够保持良好的姿势，展现出轻捷、矫健、规范、端正的特征。因此，在体育教学中，重点需要注重培养学生对体育学习的兴趣，提高他们的学习主动性，培养良好的体育健身习惯。同时，体育教学中应注重引入"美"的元素，强调体育锻炼对身体塑造的效果，指导学生通过亲身体验来感悟体育与美的内在联系，建立起通过体育运动提升审美能力的信心。这将促使学生更加自觉地接受体育技能的传授，通过实践体验美的熏陶，形成正确的审美意识，建立和完善审美功能体系。这样的教学理念有助于激发学生对体育学习的兴趣，培养他们的审美情感，使其在运动中更全面地发展与提升。

（二）在体育教学中引导学生对运动美的赏析

运动美是体育中对"美"的最佳诠释与表现，是通过形体语言展现出的舒展流畅、轻盈飘逸、气势磅礴、变化多端的特征。它是人类对运动内涵进行理解和认知的最高境界，也是学生在体育学习中接触机会最多、感悟最深刻的一种形式。学生可以通过多种途径，如赛场观看、媒体传播、报刊图片、教师示范以及同学演练，获取有关运动美的信息，使得他们在不经意的过程中能够得到体验与赏析。

在体育教学中，应该对动作示范的规范化和学生演练的标准化提出严格的要求，确保学生在学习体育技能的过程中能够真正体验到运动美。同时，在教学中引导学生积极关注精彩的体育赛事，提高他们对运动美的欣赏和鉴别能力。通过对运动美的熏陶和感召，激发学生参与体育锻炼的热情，使他们养成良好的体育锻炼习惯。这种在运动美的启发下进行体育锻炼的方式，不仅有助于提高学生的运动技能水平，还培养了他们对美的敏感性和欣赏力，促使他们更主动地融入体育活动，享受运动之美。

（三）在体育教学中培养学生对心灵美的体验

心灵美是人们完善品格修养和崇高道德情操的具体表现，是规范意识形态和行为方式的重要标准，也是衡量社会进步、和谐和健康的重要准则。在学校体育教学中，提高学生对心灵美的体验意识，加强对心灵美的感悟与认知，是促进学生净化心灵、陶冶情操的有效途径。通过体育运动，学生不仅能够培养坚韧的意志品格和自强不息的精神，还能够增强集体荣誉感、团队合作意识以及大公无私的优良品质。因此，在参与体育学习或从事体育运动的过程中，应注重培养学生公正、诚实、谦虚、礼貌的优良作风。体育教学的每一个环节都有潜在的影响力，可以使学生在理性认知领域受到"美"的影响与熏陶。通过体育教学，学生能够在团队合作中体验到集体荣誉感，培养大公无私的品质。教育者可以通过体育活动强调公正、诚实、谦虚、礼貌等美德，使学生在行为举止中体现心灵美的风范。这样的体育教学不仅提高了学生的体育技能水平，还促进了其心灵美的形成与发展，为培养全面发展的素质人才打下了基础。

三、体育教学中实施美育渗透的对策

（一）建立起以体育教育为主，美育教育为辅的教学体系

在体育教学中实施美育渗透教育的关键在于构建适应性的教学体系。在美育渗透的过程中，需要合理把握渗透的时机和容量，避免出现极端化的现象。不能过分注重对体育教学内容的传授，使美育失去渗透的条件和空间；同时也不能过于强调对美育的渗透，使体育教学失去真正的含义。适应性教学体系的构建需要综合考虑体育教学和美育的内在联系，确保二者相辅相成。教育者应当在体育教学中巧妙地引入美育元素，使之成为整个教学过程的有机组成部分。这包括在动作示范、学生演练、课堂互动等环节中注入美育的要素，使学生在学习体育的同时体验和感悟美的存在。关键在于找到平衡点，既要确保体育教学的目标和内容得到充分实现，又要让美育渗透其中，为学生提供审美体验的机会。这需要教育者有深刻的对体育和美育的理解，善于运用巧妙的教学方法，确保美育在体育教学中得到真正的体现和发挥。通过建立有机的教学体系，体育教学和美育可以相互促进，为学生全面发展提供更为丰富和有意义的教育体验。

（二）注重对"体、美"融合环境的构建，为美育渗透提供便利的条件

美育渗透教育的实施确实需要超越体育课堂，更应该拓展到校园文化建设的各个领域。在这一过程中，学校可以充分利用校园文化的载体功能，通过多样的形式开展活动，将美育与体育有机结合：可以组织专业讲座、理论沙龙等活动，邀请相关专业人士和艺术家分享有关体育与美的知识和经验。这有助于学生深入理解体育与美的内在联系，提高他们的审美水平。学校可以设立体育社团和体育俱乐部，为学生提供更广泛的参与体育活动的机会。通过这些社团和俱乐部，学生可以在实际参与中感受到体育的美感，同时培养团队协作精神。观看高水平的体育比赛也是一种有效的方式。组织学生前往现场观赛，让他们亲身感受比赛的激烈、精彩，从而加深对体育美感的认知。通过同学演讲会等形式，鼓励学生分享他们在体育活动中的感悟与体验。这不仅有助于建立起学生对于体育与美的个人认知，也能够在同学之间形成共鸣，推动整个校园形成积极向上的文化氛围。通过这些校园文化建设的举措，学校可以促使学生

在日常生活中更深刻地理解和体验体育与美育的融合，使之成为他们人生发展的一部分。

（三）转变教学观念，为美育渗透教育在体育教学中的有效开展提供保障

在体育教学中实施美育渗透教育是适应素质教育理念和社会发展需求的重要改革措施，也是对学生进行全面培养、促进全面发展的关键保障。体育教育工作者需要转变教学观念，加强对美学理论知识的学习与研究，提高自身的审美能力。体育教育工作者应深入研究美学理论，理解美的内涵和审美的基本原则。这有助于将美育理念融入体育教学中，使之成为教学的有机组成部分。教育工作者要提高自身的审美能力，不仅要在专业领域深耕，还要拓展对其他艺术形式和文化领域的理解。这样才能更好地引导学生感悟和欣赏美的存在。建立起具有科学性、实效性的体育教学技能体系至关重要。这包括灵活运用教学手段和方法，使美育成为学生在体育学习中的日常体验。适应各种在素质教育理念影响下形成的教学形式的需求，需要教育工作者不断更新教学理念，与时俱进，灵活应对新的教育趋势和需求。通过这些努力，体育教育工作者可以更好地实施美育渗透教育，为学生提供更为丰富、有深度的体育学习体验，促使他们在体育中体验到美的魅力，实现全面发展。

（四）提高教师自我形象完善的意识，为学生树立形象美的榜样

体育教师在教学过程中所肩负的责任，不仅体现为对体育技能与体育理论的传授，而且还应体现为通过自身的形象对学生产生积极的影响。这就要求，体育教师应注重对自身仪表风范的培养与完善。第一，要求体育教师衣着整洁、仪表端庄，能够在感官上向学生进行"美"的传递。第二，要求体育教师要具备崇高的师德，以高度的责任心对待体育教学工作，在教学的讲解中语言精练、幽默风趣；在动作的示范上，规范标准，极富美感，促使学生形成强烈的学习欲望。第三，在教学过程中，要给予学生充分的理解与尊重，对学生付出真挚的情感，用以感召学生的心灵，唤醒其潜在的驱动意识，进而提高学习兴趣，并通过体育教学提高审美能力。体育教学的功能不仅局限于强身健体、怡神健心，还应凸显出融"美"、示"美"和培养"美"，实现对人格的完善、品德的修正，促使人们实现全面的发展。在体育教学中实施美育渗透教育，实现体育与美育的完美融合，是素质教育理念要求，更是适应社会发展的需求。在体育教学过程中，运用各种科学有效的手段，开发学生的审美意识，激发其学习兴趣，为学生提供触觉"美"、体验"美"、感悟"美"及认知"美"的机会与条件，以培养学生正确的审美动机、提高其审美能力，进而实现自身综合素质能力的提高与发展。

第四节　"寓乐于体"教育思想

一、提出"寓乐于体"教育思想的背景分析

（一）"新课程标准"改革的必然要求

为了响应"新课程标准"改革的号召，体育教师需要不断更新教学理念。除了向学生传授基本的体育运动技能，更要让学生饶有兴趣地参与体育运动，促进学生身心的健康发展。在教学实施的过程中，体育教师要以学生的需求为根本出发点，抓住一切教学契机，激发学生主动学习体育课程的热情。使学生由被动学习，变为主动思考，自主活动，自我管理，同时使学生在心理上获得愉快的体验。教师也应充分挖掘自身潜能，真正做到教学相长。在新课改的影响下，体育教学应充分发挥教师的主导作用，设计形式多样的教学模式，创设教学情境，营造宽松的课堂氛围。在组织教学时，教师要充当导演和演员的角色，积极引导学生效仿，形成教师与学生、学生与学生之间的多向交流，使学生能够积极主动地参与体育运动的全过程，帮助学生实现身体的全方位发展。体育教师应充分尊重学生主动学习、探究学习的主体地位，只有这样学生才能获得全面的发展。与此同时，教师也要最大限度地激发自己的主观能动性，为学生树立优秀的学习榜样。通过这样的教学方式，体育教育能够更好地促进学生的全面发展，培养出更具活力和创造力的新一代人才。

（二）"乐学"成为主旋律

"新课程标准"把"激发学生运动兴趣，培养学生终身体育的意识"作为体育教学的基本理念之一。那么如何才能调动学生参加体育锻炼的热情呢？实践研究表明，从教学目标的可及性、教学活动的主体性、教学评价的激励性和教学管理的艺术性四个方面着手，可以有效地调动学生学习的积极性，提高学生的学习效率，激发学生的潜能，优化教学效果。

1. 教学目标的可及性

"新课程标准"将"激发学生运动兴趣，培养学生终身体育的意识"作为体育教学的基本理念之一。那么如何才能调动学生参加体育锻炼的热情呢？实践研究表明，从教学目标的可及性、教学活动的主体性、教学评价的激励性和教学管理的艺术性四个方面着手，可以有效地调动学生学习的积极性，提高学生的学习效率，激发学生的潜

能，优化教学效果。设定可实现的教学目标是激发学生兴趣的关键。合理而明确的目标使学生感到挑战，但同时也能够通过不断努力实现。这样的目标既能激发学生的学习兴趣，又能避免学生因目标过于高远而失去动力。教学活动的主体性是激发学生参与的关键。通过设置具体、生动、富有趣味性的教学活动，让学生成为学习的主体，亲身体验体育运动的魅力，从而激发他们的兴趣。这样的活动有助于学生更好地理解和掌握体育知识和技能。教学评价的激励性能够调动学生的积极性。及时、恰当的评价可以让学生感受到进步和成就，激发他们继续努力的欲望。同时，注重正面激励和个体差异的评价方式，能够更好地满足学生的成就需求，提高他们对体育学科的兴趣。艺术性的教学管理是调动学生积极性的保障。教师应善于运用教学手段，合理组织课堂秩序，创设轻松活泼的学习氛围，使学生在快乐中愿意参与体育运动，形成积极的学习心态。通过这些方面的努力，体育教学能够更好地引导学生参与体育锻炼，激发他们的运动热情，培养终身体育的意识。

2. 教学活动的主体性

教学目标的可及性是指根据学生的身体素质，结合体育项目的运动特点，设置学生通过努力能够达成的目标。简而言之，就是为各位学生设定一些可以通过适度努力实现的目标，以确保学生在学习过程中能够感受到成功的喜悦，激发他们的学习兴趣和动力。以"引体向上"教学为例，教师可以根据学生的身体素质差异，差异化地设置目标，对身体素质较好的学生提高要求，对身体素质较差的学生降低要求，以保证每位学生都能够有机会达成教学目标。苏联教育学家苏霍姆林斯基的观点强调了成功体验对学生学习的积极影响。成功的快乐具有巨大的情绪力量，可以激发学生对学习的愿望，并成为调动学生兴趣的催化剂。因此，通过设定具体、可达的体育目标，学生可以在努力后取得成功，增强他们的自信心，提高对体育的兴趣和参与度。教学目标的可及性不仅关注学科知识和技能的达成，更注重学生在实践中获得成功的体验，从而激发他们的学习动力和热情。

3. 教学评价的激励性

教学评价的最终目的在于为学生提供一个科学的评判标准，使他们能够正确认知自己的优势和不足，从而促使自身不断提升，实现教学目标。在体育教学中，传统的评价方式主要关注学生成绩，而"新课程标准"对体育教学的评价提出了更为科学和全面的要求，强调关注学生的体验、探究和努力的过程。新的评价理念要求教师在评价学生时更注重学生在体育活动中的全面发展，关注他们在实践中的体验、自主探究的过程以及为达成目标所付出的努力。因此，体育教学评价应更加注重激发学生的学习兴趣和积极性，通过科学的评价方法引导学生正确认知自己的体育水平，形成积极向上的学习态度。在实践中，教师可以采用多元化的评价手段，例如定期反馈、学生自评、同伴评价等方式，综合考查学生的动作技能、团队协作、体育意识等方面的表现。通过科学、具体的评价，激励学生在体育活动中更加主动地参与、探究和努力，最终实现全面发展。教学评价在体育教学中的激励作用不仅在于关注学生的综合表现，更在于引导他们正确认知自己，激发学习动力，促使个体全面发展。

4. 教学管理的艺术性

高尔基的"爱孩子，这是母鸡也会的事"和克鲁普斯卡娅的"光爱还是不够的，必须善于爱"强调了在教育中，爱的作用是重要而基础的，但单纯地以爱去管理教学显然是不够的。体育课堂的特性使得矛盾和冲突在教学中时有发生，这就要求体育教师不仅要有爱心，更需要具备管理的艺术，以灵活处理矛盾，维护课堂秩序，促进学生的身心全面发展。在体育教学中，艺术化的管理意味着体育教师要具备高度的机动性和灵活性。当矛盾和冲突出现时，教师需要善于调动课堂氛围，采用巧妙的方法解决问题，确保教学质量。这可能包括灵活变通的教学方法、巧妙的沟通技巧以及对学生个体差异的巧妙处理。通过这些艺术性的管理手段，体育教师能够更好地引导学生，创造积极向上的学习氛围。良好的教学氛围是体育教学成功的关键之一。在积极向上的氛围中，学生更容易沉浸在学习中，激发他们的学习兴趣和热情。这对于促进学生身心健康和谐发展至关重要。因此，体育教师的管理艺术不仅体现在处理矛盾冲突的智慧上，更表现在创造积极向上的教学氛围中。

二、实施"寓乐于体"教育思想的意义分析

（一）体育游戏与身体健康

身体的健康包括人体各部位或器官的发育与功能的完善，它包含着身体的形态、功能以及智力等方面的健康。身体的形态健康对于个体的整体健康至关重要。它不仅涉及身体结构、肢体比例和姿态等方面，更直接关系到个体的外表美感和整体形象。具备健康、优美的体形不仅对个体自身的心理和社交健康有积极的影响，也是整体生活品质的一部分。功能健康则更注重身体的运动能力和各项功能的协调发展。基本活动能力的健康包括对日常活动的适应性和顺利完成各项基本动作的能力。在体育运动方面，速度、力量、耐力、柔韧性、灵敏性、协调性、平衡性和反应能力等方面的完善，则直接关系到一个人在体育活动中的表现和发展。这些身体功能的健康与发展不仅是体育锻炼的重要目标，也是维护整体健康的必要条件。通过科学合理的体育运动，个体可以促使身体各项功能得到锻炼和提高，从而达到形态和功能的双重健康。在这个过程中，个体还能培养健康的生活习惯，提高生活质量。因此，身体的形态和功能健康是一个相辅相成、相互促进的整体概念。

智力是个体对外界环境的感知、认知和处理信息的能力的总和。它在个体的学习、思考和创造等方面发挥着关键作用。智力的健康是指在这些认知和思维过程中表现出

思维敏捷、头脑灵活以及具备良好的学习、分析和判断能力等方面的状态。思维敏捷是智力健康的重要表现之一。它意味着个体在面对问题和挑战时能够快速而准确地进行思考和反应，具备较高的处理信息的速度。这对于迅速适应不同情境、解决实际问题至关重要。头脑灵活是智力健康的另一方面特征。灵活的大脑表现为个体在处理复杂信息、进行多方位思考时具备较高的适应性和变通性。这使得个体能够更好地应对不同领域的挑战，发挥出创造性和创新性。良好的学习、分析与判断能力是智力健康的核心。它意味着个体能够有效获取、整理和利用信息，具备辨别事物本质、分析问题原因，并做出明智决策的能力。这些能力对于学习、工作和生活的各个方面都至关重要。智力的健康状态不仅对个体的个人成就产生积极影响，也对整个社会的进步和发展起到推动作用。因此，通过综合性的教育和培训，促进个体智力的全面发展，将对个体和社会产生积极而深远的影响。

体育游戏是通过身体运动的形式进行的，其活动内容和形式经过预先设计，因此具有显著的健身作用。与其他体育活动相似，体育游戏对身体的健康产生积极影响。由于体育游戏是一种综合性强、趣味性高的体育手段，其锻炼效果更为全面。参与体育游戏是一种自觉自愿的行为，这种主动、积极的参与能够激发个体的最大能动性，从而在体育游戏中达到良好的身体锻炼效果，这是其他体育手段所无法比拟的。在体育游戏的过程中，人们不仅锻炼身体各部分的协调性、柔韧性、力量和耐力等方面，还通过思考规则、制定策略等智力活动，提高了智力水平。因此，体育游戏不仅有益于身体素质的提高，也有助于智力的发展。体育游戏作为一种富有趣味性和挑战性的体育活动，对促进身体健康和智力健康的全面发展起到了积极的推动作用。

1. 体育游戏与身体形态和功能的发展

体育游戏的内容丰富多彩，形式多样，可以通过多种手段促进青少年的生长发育，培养其正确的身体姿态，发展其基本活动能力，提高身体素质，促进身体的全面发展，体质。

（1）体育游戏对身体形态的健康产生积极影响。良好的身体形态不仅是身体发育完善的标志，还能赋予个体美感，并有助于培养健康自信的心态，对生活的各个方面都起到积极的促进作用。在体育游戏中，通过一系列设计精巧的站姿、坐姿和卧姿游戏，可以有效地促使身体的肌肉、韧带得到拉伸，提高身体的柔韧性和平衡能力，同时增强局部肌肉力量，从而实现良好身体形态的塑造目标。举例来说，像"能看到多高""金鸡独立""膝顶下巴"等站姿游戏，通过身体的伸展和支撑动作，能够有效锻炼腿部、腰部和核心肌群，有助于保持良好的站姿，提高身体的协调性。坐姿游戏如"跪姿头碰地""'V'字平衡""左坐右坐"等，通过坐姿动作的变化，能够刺激腰腹部肌肉，提高坐姿的舒展度和平衡感。而卧姿游戏如"小摇车"则通过身体的卧姿摆动，有助于锻炼背部、腹部和臀部肌肉，促进身体的协调运动。通过巧妙设计的体育游戏，可以使参与者在玩乐的同时，达到促进身体形态健康的效果。这种融合了娱乐性和锻炼性的活动，有助于培养学生对身体健康的关注和主动参与体育锻炼的积极态度。

（2）体育游戏在促进身体功能的健康方面具有显著作用，尤其是对于少年儿童的基本活动能力的培养。人的基本活动能力包括走、跑、跳、投、攀登、搬运等，而体育游戏通过与田径、体操、球类等项目的结合，能够有针对性地培养学生的这些基本活动能力。在学校的体育游戏中，常常融入各种运动项目中学生熟悉的技术动作，如田径项目的"迎面接力赛""垒球投准"体操项目的"前滚翻接力""双杠支撑前移接力"，以及篮球项目的"运球接力赛""投篮赛"等。这种有机结合既能够丰富体育游戏的内容，使其更加生动多彩，也能在游戏过程中检验学生对各种基本运动技术的掌握情况。通过这样的体育游戏形式，学生在玩耍的过程中巩固了已学的运动技术，同时不断改善和提高了各种体育活动能力。这种以游戏为媒介的教学方式，使学生更愿意参与，更容易投入其中，从而在欢乐中培养了基本活动能力。因此，体育游戏为学生的运动技术逐步完善和运动能力的健康发展提供了一种切实可行、科学有效的途径。

2. 体育游戏与启发智慧

体育游戏作为一种趣味性强、充满欢笑的活动，对人的情绪状态有着显著的正面影响。在错综复杂的社会环境中，人们常常面临各种负面情绪，如忧愁、压抑、焦虑、紧张等。而体育游戏通过其本身的新奇、惊险、激烈、紧张等特征，为参与者带来愉快的情感体验，从而在很大程度上帮助人们摆脱现实生活中的忧愁和烦恼。"趣味性"是体育游戏最基本的特征之一。传统游戏如"老鹰抓小鸡""打鸭子""两人三足"等，都能让人乐此不疲，充满欢笑。游戏的新奇和刺激性使人在其中得到一种愉快的情感体验，这种愉快的体验有助于减轻负面情绪，提升心情。体育游戏中的胜利体验也是情绪正面影响的重要来源。取得游戏胜利不仅会使人产生自豪感，增强自尊心和自信心，还能在精神上获得一种自我价值的实现。这种成就感和愉快的体验对调节个体的情绪状态具有积极作用。参加体育游戏不仅能够提供娱乐和放松的机会，还能够有效地转移个体的不愉快情绪和行为，使人们在游戏中获得愉悦、成就感，从而促进心理健康。

（二）体育游戏与健康心理的形成

1. 体育游戏有助于消除或减缓不良的学习情绪

人的情绪状态在衡量心理健康时扮演着重要的角色。在复杂的社会环境中，个体经常会面临种种负面情绪，如忧愁、压抑、焦虑和紧张等。这些情绪对心理健康产生影响，因此有必要采取积极的方式来调节和改善情绪状态。体育游戏作为一种富有趣味性的活动，具有改善个体情绪状态的潜力。游戏本身蕴含新奇、惊险、激烈和紧张的特点，为参与者带来愉快的情感体验。在游戏中，人们能够暂时摆脱现实生活中的忧愁和烦恼，专注于游戏的乐趣中。游戏中取得的胜利往往能够激发个体的自豪感，增强自尊心和自信心。这种精神上的满足使个体感到自己的价值得以实现。因此，参与体育游戏有助于转移个体的不愉快情绪和行为，使其远离烦恼和痛苦，取得成就感和愉快的体验。

2. 体育游戏有利于确立自我概念

自我概念是个体对自身身体、思想和情感等方面的整体评价，涵盖了对自己是什么人、主张什么、喜欢什么、不喜欢什么等多个层面的认知。青少年在形成自我概念的过程中，对外貌和身体姿态的关注日益增加。随着年龄的增长，对健美体形的追求也逐渐成为一种要求。然而，对于那些认为自己身体形态不理想的青少年来说，可能伴随着对自身外貌的不满、失望，甚至自卑等心理体验，从而影响其自我概念的形成。体育游戏对个体的身体健康有积极的影响，这也有助于改善和正确形成个体的身体表象。通过参与体育游戏，个体能够培养良好的身体姿态，有利于改变对自身形象的不满和自卑感。体育游戏为个体提供了一个展示自己身体、技能和智慧的机会，成为一个新的"舞台"。在紧张而愉快的竞争情境中，人们能够自然地表现出自己的体力、技能和智慧。这种表现的欲望、求胜的心理以及对赞扬和肯定的渴望在体育游戏中得到了满足。当个体在体育游戏中取得成功，得到他人的赞扬和尊重时，个体也就在这一过程中建立了自信、自尊的自我概念。因此，体育游戏不仅有益于身体健康，还对个体的自我概念的确立起到了积极的作用。

3. 体育游戏能培养坚忍的意志品质

意志品质是衡量一个人果断性、柔韧性、自制力、勇敢顽强以及自主独立等精神特质的重要标准。这些品质不仅是在面对困难时展现出来的，更是通过克服困难的过程逐渐培养起来的。在体育游戏的多样环境中，人们有机会通过参与各种活动来锻炼和培养良好的意志品质。体育游戏的环境条件丰富多变，组织形式繁多。一些战胜障碍的游戏，如体操中的"跳杠追赶""荡越河沟"，田径中的"障碍跑"，足球中的"抢传球"等，都要求参与者在活动中不断面对各种困难和障碍，并通过克服这些困难来培养坚韧的意志品质。由于体育游戏具有趣味性、竞争性和合作性等特点，通过这种形式培养意志品质往往会取得良好的效果。在有趣的游戏内容吸引下，个体受到夺取胜利愿望的驱使，同时在同伴的支持与鼓励下，更容易克服来自外部环境和内在心理的各种困难和障碍。这样的体验有助于塑造一个人坚忍不拔的意志品质。将在体育游戏中培养的意志品质应用到日常的学习和生活中，将为健康心理的形成与保持奠定坚实的基础。

4. 体育游戏有助于人际交往和沟通

在体育游戏中，一方面学生们通过互相接触、合作和竞争等，个体与个体之间，个体与集体之间，集体与集体之间交流更广泛、更频繁，形成了一个小型社会，学生之间可以做到相互包容、尊重信任、团结友爱、鼓励扶持，构建良性的人际关系。另一方面，在游戏要求和规则的束缚下，人与人之间的关系是相对平等的，因此为建立良好的人际关系提供了最佳的平台。

5. 体育游戏有助于学生探索精神与创造性的培养

体育游戏为学生的自由探索提供了平台，有利于学生探索精神的深层次挖掘，激发创造热情。例如，在具体的教学实践过程之中，体育教师可以为学生创设想象和思考空间，让他们想尽一切可以解决问题的办法，这就是创造性的一种表现。这也正是体育教学中特别珍贵的因素，有利于为未来社会的发展培养需要的栋梁之材。现代社会对现代教育提出了更新的要求，它鼓励开发学生的创造性和探索精神。这就要求体育教师们不再单纯地只向受教育者传达一些基本的体育运动技能，而是教会他们学会学习。只有这样，他们才能成为适应社会发展的合格人才。学会学习、学会生存的核心内容之一是学会发现、学会创造。那么如何培养学生的创造性呢？这成为当今教育界亟待解决的难题之一。大量的实验研究表明，游戏有助于培养学生的创造性和探索精神。

（三）体育游戏对个体社会化的积极作用

1. 体育游戏可以规范道德行为方式，促进价值观内化，培养竞争合作意识

体育游戏是一种规则游戏。游戏规则绝不是游戏制定者随心所欲而定的，它一定是建立在公正和道德判断的基础之上的，它需要符合大多数民族公认的伦理标准和共性特征，因而在消除偏见、克服狭隘、实现对话、互动沟通和规范行为等诸多方面，均能达到较高程度的一致性，尤其是对个体道德潜移默化的影响极为显著。游戏规则的制定有助于学生良好行为规范的形成。游戏者在熟悉游戏规则的基础之上，才能养成遵守规则的良好习惯，进而体会社会规范的意义与价值所在，管束自己的社会言行，提高社会道德品质。由此可见，学生对体育游戏规则的遵守与秉承，在一定程度上可以影响其现实生活中的行为规范，因此，我们要注重发挥体育游戏塑造和培养道德行为的价值。

2. 体育游戏可以满足合群需求，促进人际交往，完善个性特征

体育游戏主要以群体性活动为主。游戏群体是学生在家庭之外所接触的一个十分重要的初级群体，是他们进行人际交往、社会互动以及借以学习生活知识和技能并得到个性发展最重要的社会群体之一。学生参加体育游戏活动，增进沟通和了解，不仅可以扩大交友范围，增进学生之间的感情，还有助于开阔自己的视野，从别的游戏者身上发现另外一个世界。此外，在游戏中产生的良好情绪及其体验，有助于克服他们独立于家庭之外，步入社会所伴随产生的孤独、焦虑、恐惧、内疚和自卑等不良心理。同时，他们比较自然地了解并逐渐形成了尊重、理解、谦让、协商、竞争、合作、共处、互助、信任、宽容、忍让、体谅、荣誉、责任、和谐、公平、公正、自尊、自重、自爱、自信、自强等优秀品质和健康的个性特征，而这一切对他们适应社会竞争、胜任社会角色都有深远的意义。

3. 体育游戏可以促进社会角色的体验，形成自我意识，培养社会化品质

在体育游戏中，学生们通过互相接触、合作和竞争等方式，促使个体与个体之间、个体与集体之间，以及集体与集体之间更广泛、更频繁地交流。这创造了一个小型社会的环境，使学生能够在其中培养相互包容、尊重信任、团结友爱、鼓励扶持的良好人际关系。在体育游戏的框架下，人与人之间的关系相对平等，因为游戏往往规定了一定的要求和规则。这为建立良好的人际关系提供了最佳的平台。在游戏中，每个参与者都必须遵守相同的规则，共同面对相似的挑战，这种相对平等的情境有助于消除不必要的竞争和对抗，从而为建设积极、合作、互助的人际关系提供了良好的条件。通过参与体育游戏，学生们能够在公平竞争和团队协作的过程中培养团队精神，同时加深彼此之间的理解和信任。这有助于建立积极的人际关系，推动集体协作和友好互动。

（四）体育游戏的艺术价值

艺术产生于游戏。"仪式产生于神圣的游戏，诗歌诞生于游戏并繁荣于游戏，音乐和舞蹈则是纯粹的游戏。"体育游戏是游戏的一种重要的表现内容。体育游戏也具有一定的艺术性。

1. 体育游戏像艺术一样，把所欣赏的意象加以客观化，使它成为具体的情境

游戏意象实质上是心境从外界折射而来的影子，将其转化为一个具体的情境，从而在这个具体情境中追寻各种需求的满足。举例而言，小孩骑马游戏的产生，源于小孩的心境在外界找到了一个具体的投影，通过这种方式来实现他们想要骑真马的愿望。在游戏中，孩子们通过模拟和体验，满足了内在的欲望，这展示了游戏在满足心理需求方面的作用。

2. 体育游戏像艺术一样，带有移情作用，把死板的物质看成活跃的生灵

随着成年，我们面对单调乏味的学习和工作，往往会怀念童年时光。那时，游戏是纯真无邪的，每个小伙伴都沉浸在自己美好的游戏世界中。尽管当时的真实世界并不总是乐观，但在游戏时，我们表现出的忘我精神使得每个孩子仿佛看见了天堂。游戏给予我们的不仅仅是物质享受，更有实实在在的精神愉悦，这正是游戏所具有的移情作用的价值所在。

3. 体育游戏像艺术一样，是用现实世界之外的另一个理想世界来安慰情感

人从呱呱坠地开始就具有好动的天性，不能活动的事物往往让人感到苦闷。疾病和衰老之所以令人讨厌，主要原因是它们限制了人们的活动。人的快乐往往与自由活动的程度成正比。尽管现实世界有一定的局限性，不允许人们无限制地自由活动，但人们不甘心接受这一事实。因此，他们努力在有限的活动范围内创造无限的可能性，于是体育游戏就应运而生。体育游戏的主要功能在于帮助人们摆脱对现实世界的束缚，享受运动带来的愉悦。

第三章 体育教学目标设计与实践

第一节 知识与技能目标

一、教师方面的知识与技能目标

（一）体育教学领域知识

体育教学不仅仅是教授运动技能，更需要教师具备深厚的体育学科知识，涵盖运动生理学、运动心理学、运动训练学等多个领域。这样的知识储备不仅有助于更全面地理解学生的身体和心理状态，还能够更科学地设计教学计划，提高教学的针对性和效果。深入了解运动生理学是体育教学的基石之一。教师需要理解人体在运动中的生理变化，包括能量代谢、心血管系统的响应、肌肉协调等方面的知识。这有助于更好地解释运动的效果，合理安排训练负荷，避免运动损伤，并为学生提供科学的运动建议。运动心理学的知识对于了解学生的心理状况以及在运动中的表现至关重要。教师需要了解学生的动机、焦虑水平、注意力分配等方面的心理因素，以便更好地设计教学活动。通过运用运动心理学的原理，教师可以激发学生的学习兴趣，提高学习的积极性，帮助他们克服运动中的心理障碍。深厚的运动训练学知识能够使教师更好地制订训练计划，个性化地指导学生的锻炼。了解运动训练的原理、方法和周期性，有助于合理安排训练强度和周期，使学生在体能、力量和技能方面得到更好的发展。同时，运动训练学的知识也能够帮助教师更好地应对学生在训练过程中可能出现的问题，提供科学的调整建议。

拥有深厚的体育学科知识并不仅限于理论的掌握，更需要将这些知识转化为实际的体育教学策略。教师需要灵活运用所学的体育学科知识，根据学生的实际情况和需求进行差异化的教学。在实际的教学实践中，教师可以通过案例分析、模拟训练等方式，帮助学生更好地理解和应用体育学科知识。体育学科知识是一个不断发展的领域，因此，作为体育教育工作者，持续学习和不断更新知识体系是必要的。参与学术研讨会、阅读最新的研究成果、与同行交流经验，都是提高体育学科知识水平的途径。只有不断保持学科前沿的教育者，才能更好地指导学生，推动体育教学不断创新。深厚的体育学科知识是体育教学质量的保证。教师需要在运动生理学、运动心理学和运动训练学等多个领域建立坚实的知识基础，将这些知识有机地融入到教学实践中。通过专业的知识指导，教师能够更全面地了解学生的需求，更科学地制订教学计划，为学生的全面发展提供更为有效的支持。同时，持续的学科学习和更新是教育者应当时刻保持的素养，以适应体育学科知识的不断变革，为学生成才提供更好的引领。

（二）体育教学方法

体育教学是一项复杂而丰富的工作，而教学方法的灵活运用是体育教育工作者必备的素养之一。通过掌握多种体育教学方法，教师能够更好地满足学生的学习需求，激发他们的学习兴趣，提高教学效果。以下是一些常见的体育教学方法及其灵活运用的探讨。问题导向教学法强调通过提出问题引导学生主动探究、解决问题，培养其独立思考和问题解决能力。在体育教学中，问题导向教学法可以应用于战术训练、规则理解等方面。例如，在足球教学中，教师可以通过提出实战中常见的问题，引导学生讨论和分析，从而更好地理解战术的运用。合作学习法注重学生之间的合作与团队精神的培养。在体育教学中，可以通过小组合作的方式进行训练，让学生在团队中相互合作、相互协作，共同完成一项任务。例如，进行集体项目的训练，如篮球比赛、排球比赛，可以培养学生的团队协作能力。游戏教学法是通过游戏的形式进行教学，激发学生学习兴趣，增加教学的趣味性。在体育课上，可以通过各种体育游戏，如拔河、接力赛等，使学生在愉快的氛围中锻炼身体，提高协调能力，同时完成特定的教学目标。示范教学法是通过教师的示范来引导学生学习。在体育教学中，教师可以通过展示正确的动作、技巧，让学生直观地感受到正确的动作要领。例如，在体操教学中，通过教师的示范，学生可以更好地理解动作的流畅和优雅。个性化教学法强调根据学生的个体差异，采用差异化的体育教学策略。在体育教学中，学生的体能水平、兴趣爱好差异较大，因此，个性化教学法可以根据学生的特点，设计个性化的训练计划，使每个学生都能在适合自己的水平上有所提高。

任务驱动教学法侧重于通过给学生设定任务，引导其完成任务的过程中实现学习目标。在体育教学中，可以通过设定各种体育项目的任务，如完成一定数量的仰卧起坐、跳绳的次数等，激发学生的学习兴趣和动力。反思教学法要求学生在学习的过程中进行反思，总结经验，不断优化学习策略。在体育教学中，可以通过让学生在训练结束后进行反思，分享自己的收获和感悟，促使他们在思考中提高。体育教学方法的灵活运用是体育教育工作者提高教学效果的关键。问题导向教学法、合作学习法、游戏教学法、示范教学法、个性化教学法、任务驱动教学法和反思教学法等多种方法可以相互结合，根据教学内容、学生特点和教学目标的需要进行灵活组合。只有在教学方法的巧妙运用中，才能更好地激发学生学习的热情，使他们在体育教学中获得全面而持久的提高。

（三）体育教学课程设计

设计一门符合学生水平和兴趣的体育课程是体育教育中的一项关键工作。这不仅关系到学生对体育学科的兴趣和热情，还直接影响到课程目标的达成。以下将深入探讨如何设计一门不分层的体育课程，确保各个层次的学生都能受益，并激发其对体育学科的浓厚兴趣。学生在体育水平、兴趣和体能方面存在差异。在设计课程时，首要任务是充分考虑学生的多样性。了解学生的基本体育水平，包括技能掌握程度、体能素质等，有助于制订灵活而有针对性的教学计划。同时，了解学生的兴趣爱好，从而在课程设置中融入更多符合他们口味的元素。在设计体育课程时，制定明确的课程目标是至关重要的。这些目标应该具体而可测量，能够指导学生的学习方向。例如，可以设定技能提升、体能水平的提高、团队协作与沟通等方面的目标。通过明确的目标，不仅能够激发学生的学习动力，还能更好地评估他们的学习成果。一堂好的体育课应该能够应对学生的差异性需求。差异化体育教学策略是实现这一目标的有效手段。通过灵活运用不同的教学方法、提供不同难度的任务和练习，使得每个学生都能在适合自己水平的环境中学习，促进他们的个体发展。体育不仅仅是传统的球类运动，还包括了各种各样的体育活动。在设计课程时，可以引入多元化的体育活动，如户外探险、健身操、瑜伽等，以满足学生的不同兴趣。这样的设计不仅有助于拓宽学生的运动视野，还能够吸引更多学生参与。体育课程不仅仅是为了培养专业运动员，更应强调个体的全面发展。除了技能的提高，还要关注学生的身体素质、团队协作、领导能力等方面的培养。通过多角度、全方位的教学设计，使得每个学生都能在体育课堂中找到自己的发展路径。

二、学生方面的知识与技能目标

（一）体育教学的知识技能

体育课堂和训练场上的有效管理技能对于促进学生的学习和发展至关重要。在这个过程中，体育教育工作者需要具备一系列的技能，包括但不限于时间管理、学生管理等。本文将深入探讨如何培养和运用这些管理技能，以确保教学和训练的顺利进行。体育教育工作者需要学会在有限的时间内合理地分配任务。这包括确定每项活动所需的时间、设定明确的计划和目标。通过制定详细的时间表，有助于提高教学和训练的效率。在体育环境中，突发状况时有发生。具备有效的时间管理技能意味着能够迅速作出调整，适应变化，并保持整体进度不受太大影响。在每个环节合理评估所需时间，不仅有助于保证每个学生都有充分的学习时间，也为灵活调整提供了依据。良好的师生关系是成功管理的基础。建立积极、尊重的关系有助于提高学生对体育课堂和训练的参与度，减少潜在的纷争。学生管理不仅仅是对他们的约束，更是激发他们主动参与学习的动力。通过设定明确的目标、提供启发性的问题和活动，激发学生的学习兴趣。与学生建立畅通的沟通渠道是学生管理的关键。教育工作者需要具备倾听的耐心，关注学生的需求和问题，并及时解决可能出现的纷争。了解每个学生的个性差异，采用差异化的管理策略。对于不同特点的学生，可以通过个性化的关怀和激励来引导他们更好地参与课堂和训练。

利用多种教学方法，包括示范、讲解、小组合作等，以满足不同学生的学习方式和需求。灵活运用这些方法可以提高学生的学习效果。在训练场上，制订合理的训练计划是必不可少的。这涉及技能训练的安排、强度的控制、个体差异的考虑等。一个科学合理的训练计划有助于提高学生的训练效果。通过让学生参与训练计划的制定、目标的设定等过程，激发他们的主动性和责任心。这有助于培养学生的领导才能和自主学习的能力。在体育教育中，团队协作是至关重要的。培养学生的团队协作精神，帮助他们建立相互信任和合作的关系，有助于提高整体团队的表现。通过激发学生的领导潜力，鼓励他们在团队中发挥积极作用。培养学生的领导力，不仅有助于团队的整体表现，也有助于他们个体的成长。体育教育工作者常常会面临各种各样的压力，包括工作强度、学生问题等。有效的情绪管理技能是保持工作状态的关键，有助于更好地应对各种挑战。在体育课堂和训练场上，教育工作者的情绪会直接影响到学生。传递积极、正能量，有助于营造良好的学习氛围，激发学生的学习兴趣。

（二）体育教学的战略思维

为了更好地引导学生在不同体育项目中掌握基本运动技能，教育工作者需要采用全方位的体育教学策略，包括科学的教学方法、合理的训练计划以及激发学生主动参与的机制。深入探讨如何设计教学方案，以提升学生在跑步、跳跃、投掷、接球等体育项目中的基本运动技能。在教学之前，通过对学生的运动水平和需求进行全面的分析。了解每个学生的特点，有助于量身定制教学计划，确保每个学生都能够在适应自己水平的情况下进步。针对不同体育项目，明确学生需要掌握的基本运动技能目标。这可以包括跑步的速度和节奏掌握、跳跃动作的规范性、投掷准确性以及接球的反应速度等。针对学生不同的技能水平，进行分层教学。通过小组分组或个别辅导，有针对性地帮助每个学生克服技术难点，提高运动技能水平。通过对正确动作的生动示范和清晰解说，帮助学生理解和模仿正确的运动技能。示范应简洁明了，解说要注重关键点，帮助学生迅速掌握技能要领。将复杂的运动动作进行细化，通过分解成若干简单的部分进行训练，逐步组合形成完整的动作。这有助于学生逐步掌握技能，避免过于复杂的动作给学生带来困扰。设立及时、具体的反馈机制，帮助学生及时纠正错误，巩固正确的运动技能。教育工作者可以通过观察、录像回放、小组互评等方式提供有效的反馈。

制定富有趣味性的教学活动，激发学生参与的兴趣。例如，在跑步项目中，可以设计趣味横生的竞速游戏，使学生在游戏中不知不觉提高跑步速度。在体育项目中，团队协作是至关重要的。通过设计团队合作的体育活动，培养学生的协作精神，让他们在合作中提高各自的基本运动技能。定期组织小型的体育比赛，鼓励学生积极参与。通过比赛，学生可以在竞技中感受到技能的实际运用，提高运动技能的应用水平。在体育项目中设立学习任务，让学生明确自己需要提高的技能点，激发他们的自主学习动力。培养学生自我评价的能力。通过让学生观察自己的运动动作，提出改进意见，培养他们独立思考和总结的能力。鼓励学生在小组或全班分享自己在学习过程中的心得体会，促使学生从彼此的经验中吸取经验，促进共同进步。在教学中，适当引导学生跨项目进行练习。例如，通过篮球运动中的跳投动作训练，培养学生在跳跃项目中的技能。定期组织综合性的测试，考查学生在不同体育项目中的综合运动能力。这有助于培养学生全面发展的体育素养。通过以上的教学设计，学生将更有可能在不同体育项目中全面发展自己的基本运动技能。同时，培养出积极参与、自主学习的学生群体，为体育教育的深入开展奠定坚实的基础。

（三）体育教学中学生的身体素质

在体育教学中，不仅要注重学生的身体素质和基本运动技能的培养，更要关注他们的运动战略思维。培养学生对比赛的深刻理解，使他们能够在比赛中灵活运用战略，不仅提高了竞技水平，也增强了团队合作的能力。以下是帮助学生发展运动战略思维的一些建议。在培养学生的运动战略思维之前，首先要确保他们对比赛规则有清晰的理解。这包括比赛的基本规则、计分方式、裁判判罚等。学生只有对比赛规则有深入理解，才能更好地运用战略。设计趣味性的规则学习活动，通过游戏、小组讨论等方式让学生主动参与规则的学习。利用实例详细解释规则，通过案例分析让学生更具体地了解规则的实际应用。每个运动员都有独特的特点和优势，因此在发展运动战略思维时，要鼓励学生制定个性化的战略。同时，他们需要了解如何将个体战略与团队战略相结合，实现整体效能的提升。鼓励学生在比赛中发挥个体优势，同时学习适应团队战略。利用小组合作的形式，让学生共同探讨、制订适合整个团队的战略计划。

在实际比赛中，战略决策的速度往往关系到胜负的成败。通过模拟比赛场景，让学生在真实的环境中迅速做出战略决策，培养他们的应变能力和决策速度。定期组织模拟比赛，提供真实比赛场景，让学生在模拟环境中感受战略决策的紧迫性。引入计时元素，鼓励学生在有限的时间内做出战略决策，锻炼其冷静应对复杂情况的能力。了解对手的特点是制定战略的重要一环。学生需要培养观察、分析对手的能力，从而更好地制定应对策略。引导学生学习分析比赛录像，了解对手的常用战术，从而有针对性地应对。组织讨论会，让学生分享对手的特点及应对策略，促使大家共同进步。除了学习已有的战略，学生还应该受到鼓励去创新战略，培养独立思考和解决问题的能力。提供多样化的战略案例，鼓励学生在灵活运用已有战略的基础上，尝试创新的战术。设立创新奖励机制，鼓励学生提出并实践新颖的战略，激发他们的创造力。通过以上教学设计，学生将更全面地发展运动战略思维，不仅在比赛中表现出色，更能在团队中发挥积极作用。这种综合素养的提升不仅有益于个人的体育发展，也为学生未来的职业发展打下坚实基础。

（四）体育教学中的团队协作

团队合作能力在体育教学中占据重要地位，不仅能够提高学生在集体活动中的整体水平，更能培养他们在团队中协调沟通、互助支持以及领导协同的技能。以下是一些帮助学生培养团队合作能力的方法和建议。在团队合作中，有效的沟通是协同行动的基础。学生需要学会表达自己的观点，倾听他人的建议，使得团队在共同目标下保持一致。制定小组任务，要求学生通过讨论和汇报的方式完成，提高他们的沟通能力。引导学生学习非语言沟通，如肢体语言和面部表情，培养更多元的沟通方式。学生需要意识到在团队中互相支持和互助是团队成功的关键。培养学生的互助心态，使得整个团队的能量得以释放。定期进行团队活动，让学生在合作中感受到互相帮助的重要性。设立奖励机制，鼓励学生在团队中展现出色的互助行为，弘扬正能量。

在团队中，领导力并不是局限于一个人，而是需要团队成员都具备一定的领导能力。学生需要学会在不同情境下发挥领导作用，激发个体潜力。轮换团队内的领导角色，使得每个学生都能有机会体验领导的责任。引导学生学习有效的团队协作策略，让团队的领导力更具灵活性。团队合作难免会出现分歧和冲突，学生需要学会有效管理冲突，化解分歧，以保持团队的和谐稳定。提供冲突案例，让学生通过角色扮演等方式学会冲突管理的技巧。教导学生学会妥善处理矛盾，鼓励开展团队建设性的讨论。团队合作的关键在于共同的目标。学生需要理解并认同团队的共同目标，从而激发起合作的热情和动力。引导学生一起制定团队目标，确保每个成员都能为共同目标贡献力量。定期评估团队目标的实现情况，激发学生对于团队成功的责任心和成就感。通过以上教学设计，学生将更好地培养团队合作能力，不仅在体育活动中表现卓越，也在未来的职业和社交生活中受益匪浅。团队合作的成功不仅仅关乎个体的成就，更是整个团队共同努力的结晶。

三、体育教学的综合目标

（一）体育教学中的健康意识

身体健康是学生全面发展的基石，而培养学生对身体健康的重视和认识，以及促使他们形成良好的锻炼习惯，是体育教学中至关重要的任务。学生需要从小培养对身体健康的重视，理解身体是实现梦想和目标的重要工具。教育他们保持良好的身体状况对于提高学业成绩、增强生活幸福感都具有积极的影响。通过生动的案例和实例，向学生展示身体健康与日常生活的关系，激发他们的兴趣。进行专题讲座或小组讨论，介绍身体健康的科学知识，让学生从理性层面理解其重要性。每个学生的身体状况和兴趣爱好都不同，因此制订个性化的锻炼计划十分必要。通过了解学生的体质和兴趣，制订合适的锻炼计划，使他们在锻炼中感受到乐趣。进行学生体质测试，了解每个学生的身体状况，为其制订有针对性的锻炼计划。鼓励学生参与不同类型的体育运动，提供多元化的锻炼方式，增加锻炼的趣味性。学生需要养成自主锻炼的好习惯，而这一点离不开教育者的引导。通过激发学生的自主性，使其能够独立思考、制订和坚持锻炼计划。进行集体或个人目标设定，让学生在锻炼过程中有明确的目标，增加自律性。引导学生形成定期锻炼的生活习惯，培养锻炼的坚持性，使其成为生活的一部分。通过团队体育活动，培养学生团队合作的精神。团队锻炼既能促进身体健康，又能培养学生的协作和沟通能力。定期组织团队体育活动，如集体晨跑、团体运动比赛等，强调合作与竞技的平衡。设立团队奖励机制，鼓励学生通过团队协作实现共同的锻炼目标。学校和教室的环境对学生形成良好的锻炼氛围具有积极作用。通过优化体育设施和创设良好的锻炼环境，激发学生主动参与锻炼的欲望。美化学校操场和体育馆，提供各种锻炼器材，创造良好的锻炼场所。通过悬挂标语、举办锻炼主题活动等方式，营造锻炼的积极氛围。通过以上教学设计，学生将更全面地理解身体健康的价值，形成良好的锻炼习惯。这不仅有助于提高学生的身体素质，更为他们未来的发展打下坚实的基础。身体健康，不仅是学生学业发展的助推器，更是他们终身幸福的保障。

（二）体育精神

体育精神是一种源远流长的文化传统，它超越了比赛场上的胜负，涵盖了团队协作、公平竞争、尊重对手等多个方面。传承和培养体育精神，既是社会发展的需要，也是个体成长的重要组成部分。在这个过程中，我们能够感受到团队协作的力量、公平竞争的精神和对手之间的尊重，这些价值观不仅贯穿于运动场上，更渗透到了日常生活的方方面面。团队协作是体育精神中不可或缺的一环。无论是足球、篮球还是其他集体项目，团队合作都是取得胜利的关键。在团队协作中，每个队员都发挥着不可或缺的作用，需要密切合作、相互信任。这种协作精神不仅仅是在比赛中体现，更是在平时的训练、团队活动中培养和加强。通过共同奋斗、互相支持，团队成员在困难面前能够同舟共济，共同迎接挑战。公平竞争是体育精神的核心之一。比赛是一种特殊的社会环境，公平竞争是维护比赛公正性的基础。在比赛中，所有参与者都应该在公平的规则下竞争，没有任何作弊行为。这种公平竞争的理念不仅仅适用于体育场上，也能够渗透到日常生活中的各个方面。在学业、职业等领域，公平竞争的观念同样适用，确保每个人都有平等的机会去展现自己的才华和能力。尊重对手是体育精神中的一种崇高品质。在比赛中，对手是一种挑战，也是一种伙伴。尊重对手不仅仅是尊重他们的实力，更是尊重他们的付出和努力。无论胜负，都能够保持对手间的尊重，这种精神也能够激励自己不断提高。这种尊重的态度不仅体现在竞技体育中，也能够影响到个体与个体之间的相处方式，构建一个和谐的社会环境。在传承和培养体育精神的过程中，教育起着重要的作用。学校体育课程、校园运动会等都是培养体育精神的有效途径。通过这些活动，学生可以学到团队协作的重要性，感受到公平竞争的紧张和刺激，培养尊重对手的情感。同时，社会也需要通过各种途径，包括媒体、社会组织等，来弘扬体育精神，让更多的人受益于这种积极向上的价值观。家庭也是培养体育精神的温床。父母可以通过陪伴孩子参与体育活动，教导他们在竞技中学会合作、学会尊重对手。在家庭中，父母的言传身教同样能够影响孩子的价值观，让他们在成长过程中懂得团队协作的重要性，理解公平竞争的原则，培养尊重对手的良好品质。传承和培养体育精神是一项复杂而深刻的任务，需要学校、社会、家庭等多方面的共同努力。团队协作、公平竞争、尊重对手等价值观不仅在体育领域中有着重要的作用，更是构建和谐社会、培养全面人才的关键环节。通过这种体育精神的传承和培养，我们可以期待未来的社会更加和谐、个体更加健康成长。

（三）体育教学中学生自主学习

激发学生的自主学习兴趣，培养他们独立思考和解决问题的能力，是教育中一个至关重要的目标。在当今信息快速发展、知识爆炸的时代，培养学生的自主学习能力不仅是适应未来社会发展的需要，更是帮助他们建立持续学习的习惯，成为具备创新力和解决问题能力的终身学习者。在这个过程中，学校、教师、家庭等各方面都扮演着重要的角色，需要共同努力，创造出有利于学生主动学习的环境和机制。激发学生的自主学习兴趣需要从教育的初期开始。学校可以通过设计富有趣味性的课程、活动，引导学生对知识的好奇心。培养学生对学科的热情，让他们在学习中能够找到乐趣，形成自愿学习的动力。在这个过程中，教师要善于发现和挖掘学生的兴趣点，根据学生的特长和喜好调整教学内容，使学习更加贴近学生的兴趣，从而激发他们更强烈的学习欲望。培养学生独立思考和解决问题的能力需要引导他们主动参与学科学习，提高他们的学科素养。在课堂上，教师可以通过启发性的提问，引导学生深入思考问题，激发他们的探究欲望。开展项目式学习、实验探究等活动，让学生在实践中学会分析问题、提出解决方案。同时，鼓励学生多角度思考，培养他们跨学科的思维方式，提高解决问题的综合能力。

为了更好地激发学生的自主学习兴趣，学校可以借助现代科技手段。利用互联网资源、在线教育平台等，为学生提供更广泛、更丰富的学习资源。通过引导学生使用信息技术，培养他们获取和处理信息的能力，让学生在学习中能够更灵活地应用各种工具。此外，学校还可以鼓励学生参与学科竞赛、科研项目等实践活动，让他们在实际问题中锻炼自己的独立思考和解决问题的能力。教育不仅仅是在课堂上进行，更是一个全方位的过程。在校外时间，学校可以组织各类兴趣小组、社团活动，让学生有更多的机会选择自己感兴趣的领域进行深入学习。这些课外活动既可以满足学生的兴趣需求，又可以培养他们组织、沟通、协作等综合素养。同时，学校还可以鼓励学生参与社会实践活动，通过参与社区服务、志愿者工作等，让学生在实践中学会独立思考，提高问题解决能力。教师是激发学生自主学习兴趣的关键角色。教师要关注学生的个体差异，采用多样化的教学方法，满足不同学生的学习需求。在课堂上，教师应该成为学生学习的引导者，而不仅仅是知识的传授者。通过设立问题解决、实践探究等任务，激发学生主动思考的欲望，让他们在解决问题的过程中体验到学习的乐趣。家庭是学生自主学习兴趣的温床。父母在孩子的学习中发挥着重要的支持作用。家庭氛围应该鼓励孩子提出问题、思考解决方案，不仅给予他们学习上的指导，更要培养他们自己解决问题的信心。父母可以陪伴孩子一同参与有趣的学科活动，共同分享学习的快乐。在家庭中，营造一个积极向上的学习氛围，让孩子在家庭中也能够找到学习的乐趣，形成自主学习的习惯。激发学生的自主学习兴趣，培养他们独立思考和解决问题的能力，是教育工作中至关重要的任务。学校、教师、家庭等各方面都需要共同努力，创造出有利于学生主动学习的环境和机制。通过多样化的教学手段、引导学生参与各类实践活动，以及家庭的积极支持，我们可以培养出更多独立思考、勇于创新的未来人才，为社会的发展注入源源不断的创造力。

第二节　过程与方法目标

在体育教学中，教学过程和方法的设计至关重要，它直接关系到学生的学习效果和兴趣的培养。以下是关于体育教学过程与方法的目标，旨在促进学生全面发展和对体育学科的深入理解。

一、制定符合学生水平的教学过程

（一）体育教学的目标

设计一种灵活多样、符合学生水平的教学过程，以确保每个学生都能够参与并有所收获，是教育工作者在追求教学有效性和学生全面发展方面的一项重要任务。在这个教学过程中，不分层的教育理念将每个学生视为独特的个体，注重关注他们的差异性，并通过差异化教学，满足不同学生的学习需求。不分层教学注重对学生的个体差异进行深入了解。教师需要通过多种方式，包括观察、调查、评估等，获取学生的学习风格、兴趣爱好、学科水平等信息。这种了解有助于教师更好地把握每个学生的学习需求，为他们提供个性化的支持和引导。多样性的教学方法是不分层教学的关键。教师可以采用多元化的体育教学策略，包括小组合作学习、问题解决活动、实践项目等，以激发学生的兴趣，促使他们参与到学习过程中。这样的多样性不仅仅能够满足不同学生的学习风格，还能够提供更多元的学习途径，使学生能够以更积极的态度参与学习。不分层的教育理念注重个体学习进度的差异。教师可以采用个别辅导、分层作业等方式，根据每个学生的学习进度，提供有针对性的指导。这种个别化的辅导不仅有助于巩固学生的基础知识，还能够帮助他们更好地理解和应用所学知识。在课程设计方面，不分层教学更强调开设综合性的课程，鼓励学生跨学科地学习。通过将不同学科的知识相互联系，帮助学生建立更为全面的认知结构。这种综合性的教学设计不仅有助于培养学生的综合思维能力，还能够提高他们的实际问题解决能力。

在评价方面，不分层教学强调综合评价，注重考查学生的综合素养。不仅仅关注学生的学科知识水平，还注重考查他们的学习兴趣、创新能力、团队协作精神等方面的发展。这种全面的评价方式更符合每个学生的实际发展情况，能够更全面、客观地了解学生的学业水平和个性特点。不分层教学的理念还强调班级的包容性和共同体意识。教育者鼓励学生之间的互助合作，搭建一个学习共同体，使每个学生都感受到班级的温暖和支持。这种共同体的建立有助于降低学生之间的竞争压力，让每个学生在积极的氛围中成长发展。不分层教学要求教育工作者注重专业发展。教师需要不断提升自己的教育水平，学习更多的差异化教育策略和方法，以更好地满足学生的多样化需求。培训和专业发展机会应该更加注重不分层教学理念的传播和实践，促使教育工作者更好地理解和应用这一理念。不分层的教育理念强调差异化教学，注重个体差异的尊重和发展。通过灵活多样的教学设计，综合性的评价体系，以及班级共同体的建设，不分层教学旨在确保每个学生都能够参与并有所收获。这种教育理念的实施需要学校、教师和家庭的共同努力，以营造一个更加包容、关爱的学习环境，培养更具创造力和全面发展的未来公民。

（二）体育教学的方法

了解学生的运动水平和兴趣，根据不同学生的特点调整教学内容和难度，是一种关注个体差异的体育教学理念。在这一理念下，教育者以学生为中心，注重挖掘和激发每个学生的运动潜能，通过差异化的教学方式，促使每位学生在体育课上都能够找到适合自己的学习路径，体验运动的乐趣和挑战。深入了解学生的运动水平和兴趣是差异化体育教学的基础。教师可以通过体测、观察学生在各类运动项目中的表现，以及与学生进行个别沟通，全面了解他们的运动水平、兴趣爱好、体育经验等信息。这样的了解能够为教师制订个性化的教学计划提供有力支持，使每个学生在体育课上都能够得到适宜的锻炼和指导。调整教学内容和难度，以满足不同学生的需求。在体育教学中，不同学生具有不同的体能水平和兴趣点。差异化教学要求教师不仅要在整体教学设计上有所调整，更需要在具体运动项目的难度、训练强度上进行个性化设置。对于初学者，可以通过简单的练习和游戏培养兴趣；对于高水平学生，可以提供更高难度的训练项目，以挑战他们的潜力。这样的差异化设置不仅有助于激发学生的学习兴趣，也能够更好地满足他们的个体需求。

创设多样的教学场景是实现差异化体育教学的有效途径。教室内外、田径场、游泳池等不同场地都可以成为教学的场景。通过在不同环境下进行体育活动，学生能够体验到更多元的运动方式和情境，从而激发他们对体育的兴趣。例如，在户外进行团队建设活动、在游泳池进行水上运动，都能够让学生在不同环境下收获不同的体验，增强他们对运动的综合理解。在教学设计中，可以融入一些趣味性和挑战性的元素。例如，设计富有创意的游戏化训练，让学生在比赛中体验到竞争的激情；设置挑战性的技巧训练，激发学生克服困难的决心。这样的教学设计能够提高学生的学习积极性，使他们在轻松愉快的氛围中更好地投入运动学习。差异化体育教学的另一重要方面是灵活的评价方式。不同学生的发展速度和潜力各异，传统的一刀切的评价方式可能无法准确反映每个学生的进步和努力。因此，教师可以采用多元化的评价手段，包括个体表现、团队协作、自我评价等，全面了解学生的运动发展情况，为他们提供更有针对性的建议和支持。差异化体育教学要求教师具备灵活的教学方法和个性化的指导技巧。教师需要不断学习和更新自己的教学理念，培养观察学生、解读学生需求的能力。此外，与学生建立良好的沟通渠道，关注他们的反馈和建议，帮助他们更好地理解自己的运动水平和兴趣，从而更好地投入到体育学习中。差异化体育教学是一种关注学生个体差异的教育理念。通过深入了解学生的运动水平和兴趣，调整教学内容和难度，创设多样的教学场景，教育者能够更好地满足每个学生的个体需求，使他们在体育学习中获得更为丰富和深刻的体验。这种差异化的教学方式旨在培养学生对运动的热爱和主动参与的态度，使每个学生都能够在体育课上找到适合自己的发展路径。

二、引入启发性的体育教学方法

（一）启发性的体育教学目标

使用启发性的教学方法是一种旨在激发学生好奇心、主动参与学习并培养独立思考能力的体育教学策略。这种方法强调引导学生自主探究、思考问题，并通过互动式、问题导向的学习过程激发他们的学习热情。在不分层的教育理念下，采用启发性教学方法有助于满足学生个体差异，促使每位学生在学习中都能够发挥自己的潜力。启发性的教学方法要注重激发学生的好奇心。教师可以通过提出引人入胜的问题、展示有趣的案例、引导学生思考真实场景中的挑战等方式，让学生对知识产生兴趣。这种好奇心的激发不仅能够激发学生主动探究的欲望，还能够引导他们去主动寻找答案，从而培养他们的独立学习能力。启发性的教学方法强调学生在解决问题和探索知识过程中的积极参与。通过设计具有启发性的学习任务，例如小组合作、实验研究、实地考察等，教师可以激发学生的主动学习兴趣，让他们在实践中积累经验，从而更深入地理解和掌握知识。在这个过程中，学生通过实际操作和团队合作，培养了解决问题的能力和社交技能。不分层的教育理念强调对学生的尊重，认可每个学生的潜能。在启发性的教学中，教师应该关注学生个体差异，根据他们的兴趣和水平差异，提供个性化的启发性学习体验。通过差异化的教学设计，每个学生都能够在教育过程中找到适合自己的启发性内容，促进个体全面发展。创设多样的学习场景是启发性教学的又一重要方面。教室内外、实验室、图书馆、社区等都可以成为学习的场景。

通过在不同环境中进行教学，可以激发学生对知识的新奇感和探索欲望，使他们能够更全面地理解和应用所学知识。在启发性的教学中，提问是一种重要的教学技巧。教师通过精心设计的问题引导学生思考，激发他们的好奇心和思维深度。这种互动式的教学方法能够促使学生更加主动地参与课堂，提高他们的问题解决和独立思考能力。在评价方面，启发性教学强调综合性和个性化。除了传统的笔试、口试评价方式外，可以采用项目评价、实践报告、小组讨论等形式，全面了解学生在启发性学习过程中的表现。同时，鼓励学生自我评价，让他们对自己的学习过程有更深入的认识，从而更好地调整学习策略。教师在启发性教学中的角色更像是一位引导者和激励者。他们需要成为学生学习过程中的合作伙伴，引导学生思考问题、探索解决方案。通过与学生的积极互动，教师能够更好地了解学生的学习需求，为他们提供更有针对性的支持。使用启发性的教学方法是一种有助于培养学生独立思考和主动学习能力的教育策略。在不分层的教育理念下，差异化的启发性教学方法有助于满足学生个体差异，使每位学生都能够在学习中充分发挥自己的潜力。这种教学方式不仅能够激发学生的学习热情，还有助于培养他们的创造力和解决问题的能力，为他们未来的发展打下坚实基础。

（二）启发性的体育教学方法

提出引导性问题，引发学生思考，并通过案例分析、小组合作等方式，培养学生团队协作和解决问题的能力，是一种强调学生主动参与和合作学习的教学方法。在不分层的教育理念下，采用这样的方法有助于满足不同学生的学习需求，促使每个学生都能在学习过程中发挥个体优势，共同成长。通过提出引导性问题，教师可以激发学生的思考欲望。这些问题不仅能够引导学生深入思考课程内容，还能够激发他们对问题的好奇心，促使他们主动寻找答案。这种启发性的提问不仅能够激发学生的学习兴趣，还能够培养他们主动学习和独立思考的能力。利用案例分析是培养学生解决问题能力的有效途径。通过真实的案例，学生可以将理论知识应用到实际情境中，从而更深刻地理解和掌握知识。在案例分析中，教师可以提供一系列引导性问题，引导学生分析问题的根本原因、寻找解决方案，从而培养他们解决实际问题的能力。小组合作是另一种促进学生团队协作和解决问题能力的方法。通过小组合作，学生有机会共同探讨、协商解决问题，培养团队协作的技能。在小组内，学生可以发挥各自的长处，相互补充，共同达到学习目标。这样的合作学习不仅能够促进学生的交流与合作，还能够培养他们的沟通技巧和团队协作精神。

在课堂教学中，教师可以设计具体的任务和项目，要求学生进行小组合作。例如，通过让学生共同解决一些实际问题、开展调查研究等方式，激发学生团队协作的积极性。这样的教学设计旨在培养学生的合作意识，使他们在解决问题的过程中相互学习、共同进步。在进行案例分析和小组合作时，教师应当注重个体差异的尊重。不同学生具有不同的学习风格和能力水平，因此，差异化的指导和评价策略是十分重要的。教师可以根据学生的特长和需求，提供个性化的辅导和支持，使每个学生都能够在合作学习中发挥最大潜能。在评价学生团队协作和解决问题能力时，教师可以采用综合性的评价方式。除了考查学生在小组合作中的表现外，还可以评估他们的团队协作技能、问题解决能力、沟通表达能力等方面。通过全面的评价，教师可以更好地了解学生的个体发展情况，为他们提供更有针对性的反馈和指导。不分层的教育理念下，提出引导性问题，引发学生思考，并通过案例分析、小组合作等方式，培养学生团队协作和解决问题的能力，有助于促进每个学生的全面发展。这种教学方法注重学生的主动参与，培养他们的批判性思维和团队协作精神，为他们未来的学习和生活打下坚实的基础。

三、体育教学强调实践操作与理论结合

（一）理论知识与实践操作结合的教学目标

将理论知识与实践操作有机结合，是一种旨在帮助学生更好地理解体育学科内涵并提高运动技能的综合性教学方法。这种教学方式不仅强调知识的传递，更注重学生在实际运动中的应用和体验，旨在培养学生的综合素质和实践能力。在不分层的教育理念下，采用这种方法有助于满足学生个体差异，使每个学生都能够在体育学科中得到更为全面的发展。将理论知识与实践操作结合可以加深学生对体育学科内涵的理解。教师可以通过生动的实例、案例分析以及实地考察等方式，将抽象的理论知识具体化，让学生更容易理解和接受。例如，在讲解体育运动规则时，可以通过实际比赛来演示，让学生在观察中理解规则的实际应用。通过实际操作帮助学生提高运动技能。体育学科不仅涉及理论知识，还包括具体的运动技能和动作要领。通过将理论知识与实践操作相结合，可以使学生在实际运动中不断练习、体验，逐步提高他们的运动技能水平。例如，在教学篮球运动时，教师可以通过理论讲解篮球的基本规则，并结合实际操练，引导学生学会传球、投篮等技能。实践操作还有助于培养学生的实践能力和创新思维。通过参与实际运动，学生可以更好地理解理论知识的应用，培养运动技能的同时，也能够培养解决问题、创新的能力。例如，在团队运动中，学生需要灵活运用所学技能，与队友合作，不断调整策略，培养出色的团队协作和创新能力。

在教学设计方面，可以通过设计丰富多样的实践活动来激发学生的兴趣。这包括组织实际运动比赛、户外探险活动、体育文化体验等，让学生通过亲身参与感受体育的魅力。这种多元化的实践活动有助于调动学生学习的积极性，提高他们对体育学科的认同感。在评价方面，可以采用综合性的评价方式。除了传统的笔试和口头测试外，

可以通过实际运动表现、实践项目报告等方式对学生的综合能力进行评价。这种综合性评价更能全面地反映学生在理论知识和实践操作两方面的学习水平，有助于更全面地了解学生的发展情况。教师在实践操作中的角色更加强调引导和激发学生的主动性。通过设定学习任务和实践活动，教师可以引导学生主动参与、探索，并及时给予指导和反馈。在实践中，教师还可以成为学生的学习伙伴，与他们共同参与实际运动，促进师生之间更紧密的互动关系。将理论知识与实践操作有机结合是一种促使学生更好地理解体育学科内涵并提高运动技能的有效教学方法。在不分层的教育理念下，这种方法有助于满足学生个体差异，使每个学生都能够在体育学科中得到更为全面的发展。这样的综合性教学模式旨在培养学生的综合素质，使他们具备理论知识和实际运动技能相辅相成的能力，为未来的学习和生活打下坚实基础。

（二）理论知识与实践操作结合的教学方法

定期组织实际体育活动，是一种促使学生将理论知识应用到实际操作中的有效体育教学策略。通过实际体育活动，学生不仅有机会将课堂学到的理论知识付诸实践，还能够在运动中培养实际操作的技能，提高综合素质。在不分层的教育理念下，采用这种方法有助于满足学生个体差异，使每个学生都能够在体育学科中得到更为全面的发展。通过组织实际体育活动，可以让学生在实践中应用理论知识。教师可以定期安排学生参与各种体育运动、比赛或锻炼项目，让他们将在课堂上学到的理论知识付诸实际。例如，在学习了篮球战术的课程后，可以组织实际的篮球比赛，让学生在实战中运用所学知识，感受理论知识在实践中的实际运用。利用模拟比赛和实际运动项目等方式，可以使学生在实践中深刻体验知识的实用性。通过模拟比赛，学生可以更加直观地感受到理论知识在实际运动中的应用场景，增强对知识的理解和记忆。例如，在学习足球战术时，可以组织模拟比赛，让学生在比赛中体验战术的实际效果，理解战术在比赛中的战略意义。组织实际运动项目也是培养学生实践能力的有效途径。通过参与各类实际运动项目，学生可以在实践中逐步提高自己的运动技能、身体素质和协作能力。例如，组织学生参与田径比赛、游泳训练等项目，让他们在实际运动中得到锻炼，提高运动技能和身体素质。

在教学设计中，教师可以巧妙地将理论知识与实际体育活动相结合。例如，通过在实际运动中引入特定的理论概念，让学生在运动中思考、应用理论知识。这种有机的结合有助于加深学生对理论知识的理解，使他们更主动地投入到实践中，提高学习的积极性。在评价方面，可以采用综合性的评价方式。除了考查学生在实际运动中的技能表现外，还可以评价他们对理论知识的理解和应用能力。这种综合性的评价方式能够更全面地了解学生在体育学科中的学习水平，为个体差异提供更有针对性的反馈和指导。教师在组织实际体育活动中的角色更加强调引导和激发学生的主动性。通过为学生提供机会参与实际运动，教师可以引导他们充分发挥自己的潜力，同时及时给予指导和反馈。在实践中，教师还可以成为学生的学习伙伴，与他们共同参与实际运动，促进更紧密的师生互动关系。定期组织实际体育活动，并将理论知识与实践操作有机结合，是一种有助于学生更好地理解体育学科内涵并提高运动技能的教学方法。在不分层的教育理念下，这种方法有助于满足学生个体差异，使每个学生都能够在体育学科中得到更为全面的发展。通过实际体育活动，学生既能够运用所学理论知识，又能够在实践中提高实际操作的技能，为他们未来的学习和生活奠定坚实基础。

四、注重体育教学个性化的学习方式

（一）体育教学个性化的学习目标

通过个性化的学习方式，满足不同学生的学习需求，是一种旨在培养学生在体育领域的专长的体育教学策略。这种方法强调关注个体差异，以更灵活、差异化的方式满足学生的学习需求，促使每个学生在体育学科中发展出自己的专长和优势。在不分层的教育理念下，采用这样的个性化学习方式有助于培养学生的兴趣、发现潜力，使每个学生都能够在体育领域取得更为全面的成就。个性化的学习方式要求教师深入了解每个学生的兴趣、能力和学习风格。通过与学生建立良好的沟通关系，教师可以了解到每个学生的体育爱好、特长和潜在兴趣。这种深入了解为个性化的教学提供了基础，使教师能够更有针对性地设计学习任务和活动，满足学生的个性化需求。差异化的学习材料和任务设计是个性化学习方式的关键。在体育学科中，学生可能对不同的运动项目或活动表现出不同的兴趣和擅长领域。因此，教师可以通过提供多样性的学习材料和任务，满足学生在体育领域的不同需求。例如，对于喜欢足球的学生，可以设计足球相关的学习任务；对于喜欢羽毛球的学生，可以提供羽毛球相关的学习资源。个性化学习还包括差异化的学习路径和进度。不同学生在体育领域的发展速度和兴趣深度各异，因此，教师可以根据学生的个体差异调整学习的难度和深度。对于对某一体育项目有较高兴趣和天赋的学生，可以提供更深入、更具挑战性的学习内容，以促使他们不断挑战自我，发展专业水平。

个性化学习方式还可以通过灵活的教学组织来实现。例如，可以组织小组学习活动，让学生根据自己的兴趣和擅长领域组成小组，共同探讨和学习。这样的组织形式有助于激发学生的合作精神，促进彼此之间的交流和学习。在评价方面，个性化学习方式需要采用多元化的评价方法。除了传统的考试和作业外，可以通过实际运动表现、项目展示、小组讨论等形式对学生的学习成果进行评价。这样的评价方式更能全面反映学生在体育领域的发展，为他们提供更具参考价值的反馈。在个性化学习中，教师要成为学生学习的引导者和合作伙伴。通过与学生建立积极的合作关系，教师可以更好地了解学生的需求，为他们提供更有针对性的指导和支持。在教学设计中，教师还可以根据学生的反馈和发展情况不断调整个性化学习的计划，确保学生得到最大化的学习效果。通过个性化的学习方式，满足不同学生的学习需求，有助于培养他们在体育领域的专长。在不分层的教育理念下，这种方法更好地考虑了学生个体差异，促使每个学生都能够在体育学科中找到自己的兴趣点和专业方向。通过个性化学习，学生不仅能够更好地发展体育技能，还能够培养自主学习的能力和对体育的深层次理解，为未来的发展奠定坚实基础。

（二）体育教学个性化的学习方法

提供不同难度和风格的学习任务，让学生可以根据兴趣和能力进行选择，是一种促使个性化学习的有效策略。这种方法强调个体差异，充分考虑学生的兴趣和学科发展方向，为他们提供多样性的学习任务，以满足不同层次和兴趣水平的学生需求。在不分层的教育理念下，采用这样的差异化学习方式有助于培养学生的主动学习意愿，使每个学生都能够在体育领域追求个性化的专业发展。提供不同难度和风格的学习任务可以激发学生的学习兴趣。教师可以设计一系列学习任务，涵盖不同难度和风格的内容，让学生可以根据自己的兴趣和能力选择适合自己的任务。这样的差异化设计有助于满足学生的个性化需求，提高学生的学习积极性。通过支持学生参与个性化的体育项目或研究，可以培养他们的专业发展方向。教师可以鼓励学生在体育领域选择自己感兴趣的项目或主题进行深入研究，形成个性化的学习轨迹。例如，学生可以选择深入研究某项运动的历史发展、特定运动技能的提升方法，或者探讨体育与心理健康的关系等。这样的个性化研究有助于引导学生找到自己的专业兴趣方向，培养专业素养。在教学设计中，可以通过设定学习任务的多样性来实现个性化学习。例如，对于学习一项具体运动技能的任务，可以设计从初级到高级的多个层次，以满足不同学生的学习需求。同时，还可以设计不同风格的学习任务，如理论研究型、实践操作型、团队合作型等，让学生可以选择适合自己学习风格的任务。在支持个性化体育项目或研究方面，教师可以提供资源支持、指导建议，鼓励学生积极探索。教师可以在选题、方法论、文献综述等方面给予学生帮助，引导他们形成独立思考的能力。这样的个性化研究旨在培养学生的创新能力和深度思考水平。

在评价方面，采用多元化的评价方式是关键。除了传统的考试和论文评价外，可以通过学术报告、实际运动演示、小组合作项目等形式来评价学生的学习成果。这种综合性的评价方式更能全面反映学生在个性化学习过程中的发展，为个体差异提供更为全面的反馈。在个性化学习中，教师的角色更加强调引导和激发学生的主动性。通过为学生提供多样性的学习任务和支持，教师可以引导学生逐步形成个性化的学习轨迹，同时给予他们必要的指导和启示。在个性化研究方面，教师更像是一位导师，与学生共同探讨问题、分享经验，促使学生更独立、更深入地进行研究。提供不同难度和风格的学习任务，以及支持学生参与个性化的体育项目或研究，是一种有助于培养学生在体育领域的专长的个性化学习方式。在不分层的教育理念下，这种差异化学习策略有助于满足学生的个体差异，使每个学生都能够在体育领域发展出自己的兴趣点和专业方向。通过个性化学习，学生既能够更好地发展体育技能，还能够在体育学科中追求更深层次的理解和专业发展。

第三节　情感、态度与价值观目标

一、体育教学培养积极向上的情感态度

（一）体育教学情感态度目标

帮助学生培养积极的情感态度，增强对体育运动的热爱和主动参与的欲望，是体育教育中至关重要的目标之一。积极的情感态度不仅有益于学生的身体健康，还能够培养其团队协作、领导力以及面对挑战的勇气。在不分层的教育理念下，采用恰当的体育教学策略和方法有助于激发学生的学习兴趣，使每个学生都能够在体育运动中体验到乐趣，建立积极的情感连接。营造积极向上的学习氛围是培养学生积极情感态度的重要步骤。教师可以通过鼓励、赞美、关怀等方式，营造一个支持性和鼓舞人心的学习环境。鼓励学生尝试新的运动项目、挑战自己的极限，并及时给予肯定和鼓励，帮助他们建立对体育运动的自信心。注重体验式学习，让学生亲身感受体育运动的乐趣。通过设计生动有趣的体育活动，引导学生参与其中，激发他们的学习兴趣。例如，组织团队运动比赛、户外探险等活动，使学生在合作中体验成功的喜悦，培养积极的团队协作精神。注重个体差异，尊重学生的兴趣和选择。体育运动的世界是多姿多彩的，不同学生对于不同项目可能有着不同的偏好。教师可以提供多元选择，鼓励学生根据自己的兴趣选择适合自己的体育项目。这种差异化的体验可以满足学生个体差异，促使每个学生都能够在喜欢的项目中找到学习的动力。通过定期的体育赛事和庆典活动，为学生提供展示自己才华和成果的机会，增强他们对体育运动的热爱。这样的赛事可以激发学生的竞争意识、合作精神，并为他们提供展现自己的平台，增加对体育活动的投入和参与欲望。

在教学设计方面，可以结合课程内容和学生实际情况，设计具体的情感教育活动。例如，通过体育运动中的团队合作，培养学生的团队协作精神和集体荣誉感；通过运动中的挑战和奋斗，引导学生面对困难时保持乐观积极的态度。在评价方面，可以采用全面的评价方式。除了传统的技能考核外，还可以评价学生在团队协作、领导力、乐观态度等方面的表现。这种综合性评价有助于更全面地了解学生的体育素养和情感态度，为学生提供更具有个性化指导的反馈。教师在培养学生积极情感态度方面要起到积极引导和激发的作用。通过言传身教，教师可以成为学生的榜样，激发他们对体

育运动的热爱。同时，教师还可以设立目标，帮助学生建立明确的学习动机，引导他们在学习体育运动中找到快乐和满足感。帮助学生培养积极的情感态度，增强对体育运动的热爱和主动参与的欲望，是体育教育中的关键任务之一。在不分层的教育理念下，采用多样化的体育教学策略和方法，关注学生的个体差异，有助于激发学生的学习兴趣，使每个学生都能够在体育运动中培养积极的情感态度，体验到运动的快乐与意义。

（二）体育教学情感态度方法

设计富有趣味性和挑战性的体育活动，是激发学生兴奋和热情的有效途径之一。在体育教育中，通过创意性的活动设计，可以吸引学生的注意力，提高他们对体育运动的参与欲望，培养积极的情感态度。在不分层的教育理念下，采用这样的活动设计有助于满足学生个体差异，使每个学生都能够在富有趣味性和挑战性的体育活动中体验到乐趣。设计富有趣味性的体育活动需要考虑到学生的年龄、兴趣和能力水平。教师可以创造各种富有创意和趣味性的运动游戏，使学生在轻松的氛围中感受到运动的乐趣。例如，设计具有竞技性的团队比赛、趣味激烈的障碍跑等活动，让学生在运动中体验到竞争的刺激和成功的喜悦。挑战性的体育活动可以激发学生的自我超越欲望。通过设置一些挑战性的运动项目，如攀岩、绳索运动等，鼓励学生突破自身的极限，培养勇敢、坚韧的品质。这样的挑战性体育活动既能够锻炼学生的身体素质，又能够促使他们更积极地投入到体育运动中，迎接新的挑战。鼓励学生分享在运动中的快乐体验，是促进积极情感传递的重要手段。通过鼓励学生分享自己在体育活动中的欢笑、成就感以及团队协作的美好体验，可以营造积极向上的学习氛围，激发其他学生的学习兴趣。这种情感传递不仅可以增强班级凝聚力，还可以让学生在分享中建立深层次的情感连接，形成积极的学习群体。

在教学设计中，教师可以将趣味性和挑战性融入体育活动中。例如，在团队比赛中增加一些趣味性的规则，设计创意十足的比赛场地，让学生在参与中体验到趣味与挑战并存的情感。此外，可以安排定期的体育活动展示，让学生展示自己在运动中的精彩瞬间，分享快乐和成就，形成积极的情感互动。在评价方面，可以采用综合性的评价方式。除了技能的表现评价外，还可以评价学生在活动中展现的团队合作精神、积极参与度以及在面对挑战时的表现。这样的综合性评价有助于更全面地了解学生在体育活动中的发展，为他们提供更为具体的反馈和指导。在帮助学生培养积极情感态度方面，教师要成为学生的引导者和激励者。通过展示对体育运动的热爱和积极态度，教师可以激发学生的学习兴趣。在活动中，教师可以给予学生及时的鼓励和支持，引导他们从运动中汲取快乐和满足感。通过积极的言传身教，教师可以传递出对体育活动的热情，激发学生对运动的热爱与主动参与的欲望。设计富有趣味性和挑战性的体育活动，以及鼓励学生分享自己在运动中的快乐体验，是培养学生积极情感态度的重要途径。在不分层的教育理念下，采用这样的活动设计和情感传递方法有助于满足学生个体差异，使每个学生都能够在充满趣味和挑战的体育运动中享受学习的过程，建立积极的情感连接。

二、体育教学培养团队协作和友谊

（一）体育教学目标

强调团队协作的重要性，培养学生团结友爱、互助互信的团队精神，是体育教学中至关重要的目标之一。团队协作不仅有助于提高学生的团队合作能力，还培养了解和关心他人的品质，为他们未来的社会交往和职业发展奠定了基础。在不分层的教育理念下，采用恰当的体育教学策略和方法有助于激发学生对团队协作的认识和热情，使每个学生都能够在团队活动中体验到团结友爱、互助互信的团队精神。通过精心设计的团队活动，激发学生对团队协作的兴趣。教师可以组织各类团队活动，如集体运动比赛、团队建设项目等，通过这些活动，学生能够体验到团队协作的重要性和乐趣。在这些活动中，教师可以设计合理的规则和任务，促使学生在团队中相互依赖、相互支持，培养出团队协作的意识。注重培养学生的沟通和合作能力。团队协作离不开成员之间的有效沟通和紧密合作。教师可以通过组织小组讨论、合作项目等方式，培养学生的沟通技巧和合作能力。通过这样的实践，学生能够更好地理解团队协作的重要性，学会倾听和尊重他人的观点，从而建立友爱和互助的关系。强调团队成功的共同体验。在体育教学中，团队成功不仅是个体的胜利，更是整个团队的共同努力和协作的结果。教师可以及时给予团队的认可和鼓励，强调团队合作的重要性。通过分享成功的经验，学生能够更深刻地感受到团队精神的强大力量，激发他们对团队合作的积极态度。

在教学设计方面，可以将团队协作融入课程内容。例如，在体育运动课中，可以设置专门的团队活动时间，让学生在小组中共同完成任务。这样的设计有助于在学科学习中培养团队协作的观念，使学生在团队中不仅学到专业知识，还能够体验到团队协作的乐趣。在评价方面，可以采用综合性的评价方法。除了考查学生个体运动技能外，还可以评价他们在团队合作中的表现，包括沟通、协作、领导力等方面。这样的评价方式有助于全面了解学生在团队协作中的发展，为他们提供更为具体的反馈和指导。在强调团队协作的重要性时，教师要成为学生的引导者和榜样。通过个人言行，教师可以向学生展示出对团队协作的认同和支持。同时，教师可以讲述团队成功的案例，引导学生从中汲取团队合作的经验教训，激发他们对团队协作的信心。强调团队协作的重要性，培养学生团结友爱、互助互信的团队精神，是体育教学中的关键任务之一。在不分层的教育理念下，采用多元化的体育教学策略和方法，关注学生的个体差异，有助于激发学生对团队协作的认识和热情，使每个学生都能够在团队活动中培养团结友爱、互助互信的团队精神，体验到合作的乐趣与价值。

（二）体育教学方法

定期组织团队活动，是一种促使学生通过合作感受到集体力量的重要方式。在这些活动中，学生有机会与团队成员共同制定策略、分工合作，从而深刻地体验到集体协作的重要性。不仅能够锻炼个体的团队协作能力，还能够加强团队的凝聚力，培养学生对集体力量的认识和信心。定期组织团队活动有助于培养学生的团队协作精神。这些活动可以包括团队建设项目、合作性游戏等，通过各种形式的合作让学生意识到团队的力量是不可忽视的。在活动中，教师可以引导学生面对各种挑战，通过相互协作解决问题，增强团队的凝聚力，培养学生积极主动的团队协作意识。引导学生通过团队比赛学会分享胜利和接受失败，是培养公平竞争意识的有效途径。团队比赛不仅考验个体的技能水平，更强调团队的整体表现。在这个过程中，学生将学会分享团队的胜利，体验到集体荣誉的愉悦。同时，当团队面临失败时，学生也需要共同面对，并从失败中吸取经验教训。通过这样的经历，学生能够培养公平竞争的观念，明白胜利与失败是竞技体育中不可避免的两面，重视团队合作的同时也学会尊重对手。

在教学设计中，教师可以巧妙融入各种团队活动。例如，在体育运动课上安排集体项目，如集体操、接力赛等，让学生在团队中发挥各自的优势，共同追求目标。此外，教师还可以组织团队比赛，让学生在竞技中体验团队的胜利和挫折，培养公平竞争的观念。在引导学生通过团队比赛学会分享胜利和接受失败时，教师起到关键作用。教师可以在比赛结束后组织学生分享感想和经验，引导他们思考团队成功的原因，以及在失败中有哪些可以改进的地方。通过引导学生自我反思，教师可以帮助他们更好地理解公平竞争的重要性，明确个体与团队之间的关系。在评价方面，教师可以综合考查学生在团队活动和比赛中的表现。除了个体技能水平的评估外，还可以评价学生在团队中的协作能力、沟通技巧、领导潜质等方面。这样的综合性评价有助于更全面地了解学生的发展情况，为他们提供更为具体的指导和激励。通过定期组织团队活动和引导学生通过团队比赛学会分享胜利和接受失败，体育教育既能够培养学生的团队协作精神，又有助于塑造公平竞争的观念。在不分层的教育理念下，这样的活动设计有助于满足学生的个体差异，使每个学生都能够在集体合作中感受到力量，并在胜利和失败中成长。

第四章　体育课堂教学过程设计与实践

第一节　体育课堂教学过程概述

一、体育教学过程概念

体育教学过程不仅仅是传递知识和技能的过程，更是一种特殊的认识过程，同时也是促进学生全面发展的重要手段。在这个过程中，教师的角色是有目的、有计划地引导学生进行积极的认知活动，使他们在学习中能够主动参与、自主学习。教师需要确立明确的教学目标，明白学生在体育课堂中应该获得的知识、技能和素养。这些目标应该有助于学生的智力、体力、品德和审美情趣的全面发展。这样的目标有助于教学活动的有序展开，确保学生在学习过程中能够全面提升自己。教师需要制定系统的教学计划，确保课程内容的循序渐进。这包括逐步引导学生掌握科学文化知识和基本技能。教学计划的制定应该充分考虑学生的年龄、发展水平和兴趣特点，以便更好地满足他们的学习需求。在教学过程中，教师应该注重激发学生的兴趣和动力，使他们能够自觉地调节自己的志趣和情感。通过创设积极、丰富的学习环境，教师可以激发学生对体育活动的热情，使其更加投入学习。体育教学过程中应注重学生的实际操作和体验，通过实际的体育活动使学生深刻理解和掌握知识。教师可以通过示范、引导和反馈，帮助学生逐步提升运动技能，培养正确的运动习惯。在教学的总结和评价阶段，教师应该给予学生充分的肯定，强调他们在学习中的进步和成就。同时，通过及时的反馈和评价，帮助学生认识到自己的不足，并激发他们对进一步改进的动力。体育教学过程既是一种认知过程，又是一种促进学生全面发展的过程。通过有目的、有计划的引导，教师可以培养学生的综合素养，为他们未来的发展奠定坚实的基础。

二、体育教学过程的基本要素

体育教学过程的基本要素由教师、学生、教学目标、教学内容、教学过程、教学方法与手段、教学环境和教学评价 8 个部分组成。

（一）体育教学中的教师

教师是体育教学过程中不可或缺的重要组成部分，他们是教学活动的组织者和实施者，发挥着主导作用。体育教师的参与是确保教学有效性和学生全面发展的关键因素。体育教师负责向学生传递体育知识和技能。通过清晰的讲解、示范和引导，他们向学生介绍运动规则、战术策略、基本技能等内容，帮助学生建立对体育的正确认识。体育教师应该具备激发学生兴趣与热情的能力。通过生动有趣的教学方式、故事分享、激发学生对运动的热爱，他们能够激发学生的积极参与和主动学习。教师需要了解学生的个别差异，包括体能水平、学习风格、兴趣爱好等。有针对性地调整教学方法，提供个性化的指导，确保每个学生都能够在体育教学中得到适当的支持和挑战。体育教师的任务不仅仅是传授运动技能，还包括培养学生的综合素养，如团队协作、领导力、自我管理等。通过体育活动，学生可以在锻炼身体的同时培养这些重要的综合素养。教师需要具备多样化的教学方法和手段，以满足不同学生的学习需求。这可能包括小组活动、游戏化教学、实践演练等，以提供丰富的学习体验。体育教师应该鼓励学生在体育学科中展开自主学习。培养学生的主动学习意识，使他们在和教师一同探索体育知识的同时，能够培养自主学习的能力。教师的参与对于塑造学生成为积极、健康、全面发展的个体至关重要。他们在体育教学过程中的引导和启发，不仅关乎学生的体育素养，更深远地影响着学生的整体成长。

（二）体育教学中的学生

学生在体育教学活动中扮演着主体地位的关键角色，他们的参与是教学活动有效性的决定因素。学生在体育教学中是主动的学习者，他们通过实际参与体育活动，积极地探索、体验和运用所学的知识和技能。这种主动性有助于学生更深刻地理解体育概念，提升运动技能。体育教学培养学生的自我管理能力，包括时间管理、目标设定、自我监控等方面。在体育活动中，学生需要自觉调适身体状态，合理分配体力和精力。体育活动通常涉及团队合作，学生在其中发挥主体地位，通过与同学合作实现共同目标。这促使他们学会有效沟通、协调合作，培养团队精神。学生在体育教学中有机会做出自主的选择和决策，例如选择参与哪种运动项目、制订个人锻炼计划等。这有助于培养学生的决策能力和责任心。学生的积极参与是教学成功的基础。通过参与各种体育活动，学生能够建立积极的态度，促进身体健康，增强自信心。学生的个体差异在体育教学中被重视，教师通常会根据学生的特点和需求，提供个性化的指导和支持，以确保每个学生都能够在学习中得到发展。学生在体育活动中接受教师和同伴的反馈，同时也有机会进行自我评价。这培养了学生对自身表现的认知和改进意识。学生的主体地位是体育教学活动的核心。他们的积极参与和主动学习推动了整个教学过程，为他们的身体、认知和社交发展提供了丰富的机会。

（三）体育教学的目标

教学目标在体育教学活动中具有至关重要的作用，它不仅统领整个教学过程，更是确保活动达到实质性效果的关键。体育教学目标不仅是当前体育课程的终点，也是下一堂课程的起点。通过设定清晰的教学目标，教师能够确保学生在每堂课中获得新的知识和技能，逐步实现整体的学科发展。教学目标为整个教学过程提供了明确的指导。它们帮助教师确定教学的重点，确保教学活动与学科的核心内容相一致，从而更有效地达到预期的教育效果。教学目标为学生提供了明确的学习方向。学生知道自己在体育课中学习的具体内容，明白学到的技能和知识如何应用于实际体育活动中，从而增强学习的针对性和动力。教学目标在体育教学中扮演着评价和检验的角色。通过设定明确的目标，教师可以更容易地评估学生的学习成果，确定是否达到了预期的学科水平。体育教学目标有助于激发学生对体育活动的兴趣和动机。当学生明白自己学到的东西与实际生活和体育竞技有关时，他们更有可能积极参与并投入学习。教学目标可以根据学生的不同需求进行调整，支持个性化学习。这有助于照顾到不同学生的发展水平、兴趣和学科能力，使教学更具包容性和差异化。通过对教学目标的不断评估，教师可以灵活地调整教学过程，确保学生在课程中获得最大的学习效果。这促进了教学的持续优化和适应性发展。体育教学目标是教学活动的核心，为整个教学过程提供了方向和评价的标准。它们是教育活动的基石，直接影响着学生在体育领域的全面发展。

（四）体育教学的内容

教学内容在体育教学中扮演着至关重要的角色，它不仅是教师传授知识和技能的具体内容，更是学生学习、锻炼和全面发展的依托。教学内容是体育课程的核心，它为学生提供了系统的、有组织的学科知识和技能。合适的教学内容是教学活动的基础，为学生提供了在体育领域学习的基本框架。通过设定合适的教学内容，教师可以确保体育课程涵盖学科的深度和广度。这有助于学生全面地了解运动技能、规则、战略等方面，提高他们的体育素养。教学内容应当有助于促进学生的认知和技能的发展。通过有序的教学内容，学生能够逐步深入了解体育领域的各个方面，从而提高他们在运动技能和理论知识上的水平。有趣、挑战性的教学内容有助于激发学生对体育的兴趣。当学生发现所学内容与实际运动和竞技有关时，他们更有可能在学习中表现出积极性和投入度。教学内容应当支持个性化学习，考虑到学生的不同兴趣、水平和学科需求。这有助于照顾到每个学生的个体差异，使教学更具差异性和包容性。教学内容直接关联到教学目标的实现。它是教学目标具体化和实践化的手段，通过明确的教学内容，教师能够更好地引导学生朝着预期的学科发展方向前进。教学内容应当反映体育领域的专业性和科学性。这有助于确保教学活动在学术上有深度，在实践中有科学性，使学生获得真实、可靠的体育知识。教学内容是体育教学活动的灵魂，是教师和学生共同努力实现教学目标的具体表现。只有合适、富有挑战性和有针对性的教学内容，体育课程才能真正发挥教学的作用，使学生在运动技能和知识层面取得显著的进步。

（五）体育教学的过程

教学过程是体育课程实施的关键途径，它不仅为教师提供了组织和引导学生学习的手段，也确保了体育课程的有序、系统的实施。教学过程是教师组织和引导学生学习的主要手段。通过精心设计的教学过程，教师能够有计划地传授知识、培养技能，并引导学生逐步达到预期的教学目标。体育课程是有章法的学科活动，而教学过程是实现这一章法的关键。它使教育活动变得有序、有计划，确保学生在体育领域的学习不是零散的，而是有系统的。教学过程不仅仅是知识的传递，还培养学生的学科方法论。通过不同的教学方法和手段，学生不仅能够学到具体的运动技能和理论知识，还能够培养解决问题、分析情境的方法论。教学过程应该引导学生积极参与学习。通过鼓励学生提出问题、参与讨论、展示技能等方式，教师能够激发学生的学习兴趣，促使他们更加投入学习过程。教学过程可以根据学生的不同需求和学科水平进行调整，实现个性化学习。这有助于照顾到不同学生的发展，提供更贴近学生需求的教育服务。教学过程确保体育活动的有针对性，使每个环节都对学生的学习目标和发展有实际促进作用。这有助于确保每个体育活动都有明确的教育意义。适当设计的教学过程有助于激发学生的创造力和创新思维。通过提供挑战性的任务和开放性的学习环境，学生有机会尝试新的方法和想法，从而促进个人的全面发展。教学过程是体育教学活动的具体实施路径，是教师和学生共同参与的有机过程。只有通过合理设计和灵活引导的教学过程，体育课程才能真正发挥教学的作用，使学生在运动技能、认知水平和个性发展等方面获得全面提升。

（六）体育教学方法与手段

教学过程是体育课程实施的关键途径，是整个体育教学活动的灵魂和支撑。缺乏合理的体育教学过程，体育课程将失去实施的纲领，变得杂乱无章，无法达到预期的教育效果。教学过程是组织和导向学习的框架，为教师提供了有序的步骤和方法，使学生能够在体育课中有目标地进行学习。它确保了教学的系统性和有效性。体育教学过程确保了教学活动按照一定的步骤有序展开，从热身到技能教学再到实践运用，形成有章可循的教学流程。这有助于学生更好地理解和吸收所学内容。合理设计的教学过程有助于提高教学效率。通过精心组织教学步骤和运用适当的教学方法，教师能够更有效地传达知识，使学生在较短的时间内取得更大的学习收益。有序的教学过程能够提高学生的参与度。学生清楚了解教学的步骤和目标，更容易投入到学习中，增加学习活动的积极性和主动性。教学过程不仅仅传递知识，更培养学生的学科方法论。通过体验、实践、反思等环节，学生能够建立起学科学习的方法体系，培养解决问题的能力。教学过程可以根据学生的不同需求进行调整，实现个性化学习。这有助于照顾到每个学生的个体差异，使教学更具包容性和差异性。教学过程的设计确保体育活动具有针对性和深度，使每个环节都对学生的学习目标和发展有实质性促进作用。这有助于确保每个体育活动都有明确的教育意义。教学过程是评价学生学习成果和提供反馈的关键环节。通过观察学生在不同步骤的表现，教师可以更准确地评价学生的掌握程度，并及时给予指导和反馈。体育教学过程是实施体育课程的精华，是确保教学有条不紊进行、有效实现教学目标的基石。只有通过有序、计划性的教学过程，体育课程才能真正发挥教育的作用，使学生在运动技能、认知水平和个性发展等方面得到全面提升。

（七）体育教学环境

教学环境是指所有外部因素的综合，这些因素包括教室布置、设备器材、氛围氛围等，对于教学质量的提升和学生安全的保障都具有至关重要的作用。一个良好的教学环境有助于营造积极的学习氛围。合适的教室布置和设备配置可以激发学生的学习兴趣，使他们更容易专注于教学内容，从而提高学习效果。优良的教学环境有助于促进师生之间的积极互动。一个舒适、有序的教室布局和设备设置有助于师生之间更自然、更有效地进行交流，提高教学效率。良好的教学环境对学生的安全具有重要的保障作用。合适的设备配置和安全措施可以降低学生在体育课等活动中发生意外的风险，确保他们的身体健康和安全。教学环境的良好设计可以使教师更好地利用设备和教学资源。科学合理的设备摆放和布局有助于提高教学效率，使教学过程更为顺畅。创新的教学环境可以激发教师和学生的创造力，促使更多的互动和合作。适当的教室布局和技术支持可以为多种教学方法提供支持，使教学更具创意和灵活性。良好的教学环境能够支持个性化教学。根据学生的不同学科需求和学习习惯，合理设计教学环境，使每个学生都能够找到适合自己学习的空间和条件。一个宽松、温馨的教学环境对学生的心理健康有积极的影响。合适的氛围和环境设计有助于降低学生的学习压力，提高学习的愉悦感。优良的教学环境为多样化的教学活动提供了支持。通过灵活配置教室和设备，教师能够更好地开展实践性强、多元化的体育教学活动，激发学生的兴趣。创设一个良好的教学环境不仅有助于提升教学质量，还能够有效保障学生的安全和促进他们全面发展。通过关注教学环境的方方面面，学校和教师可以为学生提供更优质、更安全、更具启发性的学习体验。

（八）体育教学评价

教学评价是对整个教学活动质量的综合评定和判断，是促进教学质量提高的有效手段。这一过程不仅涉及学生的学习成果，还包括了教学过程的各个方面，教师的教学方法、教材使用、学生参与度等。教学评价要求全面、客观、公正，以确保评价结果对教学的改进和学生的全面发展都具有积极的促进作用。教学评价为教师提供了关于教学效果的反馈信息。通过详细分析学生的表现、教学过程中的互动以及达成的教学目标，教师能够识别自己的优势和不足，并有针对性地进行教学方法和内容的改进。通过对教学的评价，教师可以更好地了解学生的需求和兴趣，激发自身的教学热情。同时，接受学生和同行的反馈，有助于教师不断创新教学方法，提高教学的吸引力和实效性。教学评价是教学质量提升的关键环节。通过对过去教学活动的全面评估，学校和教师可以总结经验、找出问题，进而制订改进计划，推动教学质量的不断提升。

教学评价不仅仅关注学科知识的掌握，还包括学生的综合素养、创造力、团队协作等方面。通过全面的评价，可以更好地引导学生在多个方面全面发展，超越简单的考试成绩。教学评价直接与教学目标紧密相关。通过评价，可以确定教学目标是否达到，是否需要对目标进行调整，以及学生在不同层次上的实际水平。及时的教学评价可以为学生提供明确的学习方向和目标，激发他们的学习动机。通过对个体差异的充分关注，评价可以个性化地引导学生，让每个学生都感到被理解和关心。教学评价要求建立客观公正的评价体系，避免主观因素的介入。这有助于确保评价结果真实准确，避免评价成为不公平对待的工具。教学评价不是一次性的，而是一个循环的过程。评价结果应当反馈到教学设计和实施中，形成一个良好的教育反馈循环，以持续促进教学质量的提高。教学评价是教学活动的关键环节，是教育改革和提高教学质量的有力工具。通过全面、客观、公正的评价，学校和教师可以更好地指导教学实践，促进学生的全面发展。上述 8 种要素的协调运用，反映了体育教学过程是一个动态过程。其中，教师和学生是最积极、最活跃的因素。

三、体育教学过程的特点

体育教学过程的特点与一般教学过程的特点有一定的相似性，但也有一些差异之处。本书主要研究体育教学过程自身的特点，对于与一般教学过程相似的特点不做论述。体育教学过程的特点主要有以下几个方面：

（一）运动实践活动为基础

一般教学活动主要侧重于理论性知识的传授，通常采用室内课堂教学的形式，学生主要通过脑力学习。相反，体育教学更倾向于室外课堂教学，强调学生通过身体实践来掌握知识和技能。在体育教学过程中，学生在教师的引导下进行运动实践活动，教学内容主要以身体练习和运动动作为核心。这一特殊性使体育教学过程具有以下重要特点：

1. 体育教学中身体练习的重要性

体育教学过程的核心是身体练习，即学生通过实际运动和体育活动来培养和提高身体素质、技能水平以及运动能力。与传统教学相比，体育教学更强调实践操作，注重通过动手实践来达到知识的掌握。

2. 体育教学中实践与理论的结合

虽然体育教学以身体练习为主，但并非完全摒弃理论知识。教学过程依然包括对相关运动理论、规则、战术等方面的讲解，以确保学生在实践中能够更好地理解和应用相关知识。

3. 体育教学中动态与互动的教学环境

体育教学过程注重学生之间的互动和协作。实践活动通常以小组或团队为单位进行，促使学生在动态的环境中相互合作、竞争，培养团队精神和社交技能。

4. 体育教学中个性化学习的支持

由于体育活动的多样性，体育教学过程有利于个性化学习的实现。教师可以根据学生的兴趣、特长和需求，灵活调整教学内容和方法，使每个学生都能找到适合自己的运动方式。

5. 体育教学注重身体素质的培养

体育教学过程更加注重学生身体素质的培养，包括耐力、灵活性、协调性等方面。通过不同类型的体育活动，学生能够全面发展身体素质，提高身体健康水平。

（二）体育教学运动负荷为条件

在体育教学过程中，由于主要注重传授操作性知识，教学内容主要涉及各种身体练习，因此教学过程以运动负荷为刺激和条件。这种运动负荷主要以生理负荷为主，实现了心理和生理负荷的有机统一。在学生参与体育活动的过程中，通过承受一定的生理负荷和心理负荷，身体会产生相应的疲劳，从而触发机体的生理和心理调节机制，促进身体的恢复和超量恢复。这一点也正是体育活动能够促进身体发展、增进健康的生物学依据。

1. 运动负荷对体育教学的重要性

运动负荷是通过一系列身体练习施加在学生身上的刺激，使得身体逐渐适应这种负荷，促进器官系统的适应性和提高功能水平。运动负荷同时涉及生理和心理两个层面，通过身体的活动刺激产生心理上的投入和挑战，从而使学生在身心层面都得到全面发展。适度的运动负荷可以引起身体的疲劳，促使身体启动相应的生理调节机制，从而加速身体的恢复和超量恢复，增强机体的适应性和抗压能力。运动负荷是实现全面发展身体素质的关键，包括耐力、力量、速度、柔韧性等方面。适当的负荷可以使学生在多个方面得到锻炼，实现身体素质的均衡发展。通过体育活动中的运动负荷，学生不仅在生理上得到锻炼，还培养了积极的心理状态，促进健康的全面发展，预防生活方式相关疾病。

2. 体育教学过程中的负荷管理

教师在制订教学计划时需要考虑负荷的适度性，根据学生的年龄、体能水平和健康状况，制订个性化的负荷计划。负荷的设置应该循序渐进，逐渐增加难度和强度，以确保学生能够适应并渐进性地提高身体素质。教学过程中需要定期对学生的身体状况进行评估，调整负荷的设置，确保在适度负荷的基础上进行有效的训练。在运动负荷的设置中，必须优先考虑学生的安全。避免过大的负荷导致身体损伤，采取科学的方法确保学生在安全的环境中进行体育活动。运动负荷作为体育教学过程的核心，通过合理设置和管理，不仅能够促进身体的全面发展，还有助于学生健康的身心发展。

（三）身心发展为体育教学评价范畴

体育教学过程是一种以活动为主要内容、以运动负荷为条件的特殊过程，与一般教学过程存在明显的差异，因此，在评价方面也呈现出独特的特点。评价体育教学过程涉及与学生身体活动密切相关的方面，学生通过感知、模仿、练习来掌握体育知识和技能，从而促进自身的身心和谐发展。体育教学过程的评价应侧重于学生在实际体育活动中的表现，包括运动技能的掌握程度、动作的协调性、战术运用的灵活性等。实践能力的培养是体育教学的主要目标之一，因此，评价要关注学生在体育活动中的实际动作表现和运用能力。评价体育教学过程需要考虑学生对生理负荷的适应程度。这包括对身体耐力、柔韧性、力量等生理素质的培养和提高，确保学生在运动过程中能够适应并逐渐提升生理素质水平。体育教学过程中，学生面临心理负荷，如竞技压力、团队协作等。评价体育教学要关注学生对这些心理负荷的应对能力，包括情绪调控、心理素质的培养，以及面对挑战时的自信心和意志力等方面。评价体育教学过程需要关注学生的全面身心发展。这包括身体素质、协作精神、领导能力、团队协作能力等方面的发展，确保体育教学既注重身体健康，也促进学生的全面素质提升。评价体育教学过程还需要关注运动负荷的设置是否适度，以及是否能够确保学生的安全。体育活动中的适度负荷能够促进学生的生理和心理发展，但要保持适度，防止过度负荷导致伤害。体育教学过程评价还需考查学生在体育活动中的自主学习和反思能力。学生是否能够独立分析问题、总结经验，并能够在实践中不断改进自己的表现，是评价体育教学过程的重要方面。通过综合考查上述范畴，可以全面了解学生在体育教学过程中的表现和发展，确保体育教学的目标得到有效实现，促进学生在身体、心理和社交等多个方面的全面发展。

（四）体育教学培养社会性突出

体育教学过程在评价方面与一般教学过程存在明显差异，主要因其以活动为主要内容，以运动负荷为条件，与学生的身体活动紧密相连。评价体育教学过程需要考虑以下特殊范畴：体育教学过程的核心在于身体活动，评价要关注学生在体育活动中的技能表现，包括运动动作的规范性、灵活性、技能的掌握程度等。这能够反映学生对体育知识和技能的实际运用水平。评价范畴需关注学生在体育活动中的心理调适能力，如面对挑战时的自信心、竞技压力的处理等。此外，团队协作在体育教学中至关重要，学生在团队活动中的合作、沟通、领导能力也应成为评价的重要内容。评价体育教学过程需考查学生对生理负荷的适应程度，包括对耐力、柔韧性、力量等方面生理素质的提高。同时，关注学生的适度负荷锻炼和合理恢复，以确保身体健康发展。体育教学过程的评价要关注学生在活动中的自主学习和反思能力。学生是否能够独立总结经验，自我评价并在实践中不断改进，这对于长期的身体素质和技能提高至关重要。评价体育教学过程需确保学生在活动中的安全，包括运动装备使用的规范、场地安全等方面。同时，学生对运动规则的理解和遵守也应成为评价的考查点。体育教学的目标是学生全面身心的发展，因此评价要综合考虑学生在体育活动中身体、智力、情感等方面的全面发展，确保体育教学目标的全面实现。通过对这些特殊范畴的评价，可以更全面、深入地了解学生在体育教学过程中的表现和发展，确保体育教学的效果与目标的实现。这种评价方式更符合体育教学的特点，强调实践和身体素质的培养，促进学生的全面发展。

（五）宽松的教学氛围，严密的教学组织

体育教学过程主要以室外课堂为主，因此在相对宽松的环境中进行。这种教学环境的特点对学生社会性的培养具有重要作用，但也存在一些挑战，其中一个主要问题是宽松的环境可能导致学生放松注意力。尽管体育教学涉及体育器材，学生在学习过程中承受一定的运动负荷，但由于放松的环境，学生可能在注意力上存在一些困难。宽松的教学环境为学生提供了展现个性、表达自己的机会，促进了团队协作和社交能力的培养。学生在户外课堂中更容易建立友谊和互动，培养了集体主义和团队精神。自然的室外环境有助于释放学生的身心压力，提高学习兴趣。户外活动使学生更容易投入体育运动，从而促进身体健康，减轻学习压力。开阔的户外环境有助于激发学生的创新和创造力。学生在室外更容易接触到不同的自然元素，有利于发展观察力和想象力。宽松的教学环境也存在一些挑战：学生在宽松的户外环境中可能面临注意力分散的问题，因为他们可能被周围的自然景观、其他同学或外界干扰所影响。室外活动中存在更多的不可预测因素，如地形不平、天气变化等，这可能增加学生在运动中受伤的风险。由于学生在学习过程中可能承受一定的运动负荷，身心疲劳，需要严密监控以防止意外伤害的发生。教师需要保持警觉，及时发现并处理潜在的危险情况。为了克服这些挑战，教育者需要在室外教学中采取适当的管理和监控措施，确保学生在相对宽松的环境下既能够享受学习的乐趣，又能够保持注意力集中和安全。

第二节　体育课堂教学过程设计原则与方法

所谓体育教学过程的设计就是用流程图的形式计算，简洁地反映分析和设计阶段的结果，表达教学过程，直观地描述体育教学过程中教师、学生、学习内容、教学媒体等基本要素之间的关系，给体育教师提供一个有参考价值的教学设计方案。

一、体育课堂教学过程设计的原则

对体育教学过程的设计必须遵循一定的原则，才能起到良好的效果，否则不仅不能取得预期的效果，还有可能起到诸如打乱教学计划这样的负面作用。体育教学过程的设计一般遵循以下几个基本原则：

（一）发挥体育教师主导作用原则

体育教师在传统的教学过程中被视为信息的传递者，主要任务是进行知识的讲解和传授给学生。然而，随着现代科技在教学中的应用以及课堂教学改革的不断深入，体育教师的角色发生了重要变化。不再仅仅局限于进行信息的编码和传递，而是更加强调在课堂教学中起主导作用，从简单的知识灌输转变为引导学生主动掌握知识。现代体育教学注重培养学生的自主学习能力。体育教师的主导作用应体现在引导学生通过各种途径主动获取知识，例如独立阅读、实践体验、小组合作等，而非仅仅依赖于教师的讲解。体育教学不仅仅是知识传递，更强调培养学生的综合能力，包括运动技能、团队协作、创新思维等。体育教师的主导作用应在培养这些能力的过程中得以体现，通过设计丰富多样的教学活动，激发学生的兴趣和积极性。体育教学需要考虑学生个体差异，体育教师的主导作用在于制订个性化的教学计划，根据学生的兴趣、水平、特长等方面进行引导，以更好地满足学生的学习需求。体育教育旨在培养学生的思辨和创造力。体育教师的主导作用应在激发学生主动思考、提出问题、解决问题的过程中得以体现，而非简单地传递事实和知识。体育教师的主导作用还体现在对教学方法的灵活运用上，根据教学内容和学生的特点选择适当的体育教学策略，使学生更好地参与到教学过程中。在体育教育中，体育教师的主导作用应该更多地体现在引导学生主动参与、自主学习和全面发展上，从而培养学生更为综合、创新和有活力的素质。

（二）体育教学中学生为学习主体原则

学生在体育教学过程中扮演着重要的主体角色，是教学信息的接受者和体育课堂教学活动的主体。学生的主体作用在于充分发挥他们的学习积极性，提供更多的参与机会，促使体育教师与学生之间进行积极的沟通交流，活跃师生关系，实现真正的双向互动。这使得学生在体育教学中不仅仅是"学会"知识，更重要的是"会学"，由被动接受知识逐渐转变为主动获取知识的过程。体育教学应激发学生的学习兴趣和积极性，使他们愿意投入到体育活动中。通过设置丰富多彩的体育活动和课程设计，引发学生的热情，激发他们对体育知识和技能的主动学习欲望。体育教学要提供多元化的参与机会，让学生能够参与各种体育活动、运动项目和团队合作。这样的参与机会有助于培养学生的运动技能、团队协作精神和领导能力。学生在体育教学中应当与体育教师保持良好的沟通与交流。这包括理解教师的指导、提出问题、分享自己的看法和经验等。建立起积极的师生关系，使教学过程更富有互动性。体育教学要求学生不仅仅在动手的过程中培养运动技能，还要在动脑的过程中思考策略和规则，在动口的过程中与同学和教师进行交流。这种全方位的活动有助于学生在多个层面上得到发展。体育教学目标之一是培养学生主动获取知识的能力。通过在课堂上设立问题、引导自主学习和独立解决问题的机会，促使学生从被动的知识接受者转变为主动学习者。通过将学生置于体育教学的主体地位，教育者能够更好地满足学生的学习需求，促使他们在体育教学过程中获得全面而深刻的发展。这种主体作用的体现有助于培养学生的团队协作能力、创新思维和自主学习能力。

（三）体育教学中媒体优化原则

在考虑如何运用体育教学媒体时，需要思考各种媒体的优化组合，就像人体各器官分工明确，各司其职，但通过优化组合才能充分发挥功能一样。体育教学媒体系统的功能充分发挥也是通过多种媒体组合形成的优化结构来实现的。各种体育教学媒体应该"各施所长，互为补充，相辅相成"，形成优化的媒体组合系统。教学媒体包括图像、视频、音频、文字等多种类型。在体育教学中，可以结合使用图片展示运动动作、视频呈现实际运动过程、音频引导体育操练，文字介绍规则和战术。通过这样的多样化媒体组合，能够更全面地满足学生的感知和学习需求。优化的媒体组合应具有互动性，使学生能够更主动地参与学习。例如，结合图像和视频展示运动技能，让学生通过实际操作亲身体验，或者通过互动式电子白板和应用软件，使学生能够在课堂上进行实时反馈和互动。学生有不同的学习风格，有些人更喜欢视觉学习，有些人更倾向于听觉学习。通过优化组合不同类型的媒体，可以更好地满足学生的多元学习需求，提高教学效果。不同的媒体可以用于呈现教学内容的不同层次。例如，可以使用图像和视频进行基础动作的演示，通过文字和音频进行战术和策略的解释。这有助于学生更好地理解和吸收教学内容。随着技术的发展，教学媒体的形式不断更新。适当应用现代技术设备，如电子白板、虚拟现实（VR）、应用软件等，可以丰富体育教学的形式，提高学生的学习体验。通过考虑以上因素，体育教学者可以设计出一个更加灵活、多元化、适应性强的媒体组合系统，以更好地满足学生的学习需求，提升体育教学的效果。这种优化组合系统能够使各种媒体发挥最佳作用，共同促进学生的全面发展。

（四）体育教学遵循学生认知规律原则

学生的认知规律和特点受年龄和心理特征的影响。年龄较小的学生因为知识和经验相对较少，感知能力相对较差，依赖性较强，主要依靠具体形象思维。随着年龄增长，学生的知识和经验增加，感知能力提高，能够通过一定的意志努力，集中注意力参与学习活动，其思维逐渐由具体思维过渡到抽象思维。年龄小的学生由于知识和经验有限，对外界的认知主要依赖感性认识，更容易理解和接受具体的事物。由于缺乏经验，年龄小的学生在学习中更依赖教师和外部指导，需要更直观的教学方式和具体的示范。随着年龄增大，学生的知识和经验逐渐积累，能够更好地理解和处理抽象的概念。随着发育，学生的感知能力得到提高，能够更准确地感知和理解复杂的信息。年龄增大的学生能够通过一定的意志努力，更好地集中注意力，更积极主动地参与学习活动。在设计体育教学过程时，必须考虑到学生的认知规律和特点，根据不同年龄段的学生采用相应的教学方法和手段。对年龄较小的学生，可以通过生动形象的教学示范，引导他们在感性认知中理解知识；而对于年龄逐渐增大的学生，可以逐渐引导他们进行抽象思维和独立思考，培养他们的自主学习能力。只有充分考虑学生的认知特点，教学才能更贴近学生的实际需求，获得更好的教学效果。

（五）体现体育教学方法原则

体育教学方法是体育教师和学生为共同实现体育教学目标而采取的方式。这涵盖了体育教师的教学行为和学生的学习行为，二者相辅相成。在选择体育教学方法时，应结合体育学科的特点、学习内容、教学目标、学生的特点以及所选用的教学媒体，以确保教学方式的科学性和有效性。

（六）体育教学方法的选择原则

不同学科有不同的教学特点，体育学科注重实践和动作技能的培养。因此，在体育教学中，应强调实际操作和体验，注重学生的身体锻炼和运动技能的培养。不同的学习内容需要采用不同的教学方法。例如，教授运动技能可能需要通过示范和模仿，而教授体育理论知识可能更适合采用讲授和讨论的方式。教学目标直接影响着教学方法的选择。如果教学目标是培养学生的合作精神和团队协作能力，那么采用团体活动和合作学习的方法可能更为合适。学生的年龄、认知水平、兴趣等因素都会影响教学方法的选择。对于年龄较小的学生，宜采用更直观、形象的教学方式，而对于年龄较大的学生则可更注重理论知识的深入学习。现代教学媒体的应用也影响着教学方法的选择。电子白板、多媒体资源等可以提供更生动直观的教学内容，影响着教学方式的设计和实施。

（七）具体实施体育教学方法的步骤

对所要教授的体育知识或技能进行仔细分析，了解其特点和学习难点。充分了解学生的年龄、兴趣、认知水平等特点，以便根据学生的特点调整教学方法。明确教学目标，确定期望学生在课程结束时能够达到的能力水平。根据以上分析，选择适合教学内容和学生特点的教学方法，可以灵活组合多种方法。结合教学方法设计具体的教学过程，包括引入、讲解、实践、总结等环节，保证教学的连贯性和系统性。在教学过程中不断进行评估，了解学生的学习情况，根据需要调整教学方法，确保教学效果的达成。通过根据学科特点、学习内容、教学目标、学生特点和教学媒体的特点选择和灵活运用不同的教学方法，体育教学可以更好地满足学生的需求，提高教学效果。

二、体育教学过程设计的一般方法

教学设计过程都必须清楚地解决 4 个基本问题，一是学习者的特点是什么，二是教学目标是什么，三是教学资源和体育教学策略是什么，四是怎样评价和修改。针对这 4 个基本问题的处理和展开方式不同，就形成了不同的教学设计过程模式。一个教学系统包含教和学两个子系统，而每个子系统中又包含多个要素。在实际的设计过程中，必须从整体功能的角度出发，保证各要素之间的一致性，使它们相互协调、相辅相成，产生整体效应。为了达到这个目标，一些国内学者提出了教学设计的基本模式，围绕四个基本问题，逐步展开教学设计的过程。这反映了教学设计的基本思想、方法和过程。

（一）体育教学系统的四个基本要素

教学系统的中心角色是教师。教师不仅要传递知识，还要引导学生的学习过程，促使学生主动参与。学生是教学系统的另一重要因素。他们是学习的主体，需要通过教学系统获得知识、培养技能，促使个体的全面发展。教学内容是教学活动的核心，包括知识点、技能和思维方式等。教学内容的选择直接关系到教学效果。教学方法与手段是教学系统的操作手段，包括体育教学策略、教学过程中采用的方法、教学媒体的运用等。它们是实现教学目标的具体手段。

（二）体育教学设计的基本模式

明确教学的目标，确定学生在学习结束时应具备的知识、能力和素养。根据教学目标，设计符合学科特点和学生认知规律的教学内容，确保内容的科学性和有效性。根据教学内容和学生特点，选择合适的教学方法与手段，包括体育教学策略、课堂活动、教学媒体等。在教学过程中进行评估，了解学生的学习情况，同时对教学方法与手段进行反思，不断优化教学设计，实现教学的不断提升。通过以上四个阶段，教学设计模式强调从整体出发，确保教学系统中各要素的一致性，使它们相互协调，达到整体效应。这样的教学设计过程有助于实现教与学两个子系统的良性互动，提高教学效果，促进学生的全面发展。

第三节　体育课堂教学过程的具体设计

一、导入阶段的教学设计

课堂结构是在一定教育思想的指导下，为完成教学任务所建立的比较稳定的教学程序及其实施方法的策略体系。它的紧凑与合理直接影响着教学的实际效果。在有限的课堂教学时间内，如何合理安排教学活动，使教学质量最大化提高，涉及教师的"教学"以及学生的"学习"。体育课堂教学结构通常分为准备、基本和结束等部分。在整个教学过程中，起始要引起学生的兴趣，各部分之间要紧密衔接，过渡转化要有起伏变化，而课程结束要留下深刻印象。

（一）体育课堂教学结构的基本特征

"独创"——启发兴趣：教学的起始部分要具有吸引力，激发学生兴趣，让学生对即将学习的内容产生好奇心，积极投入学习。"共振"——激发学生主动参与：教学的基本部分要能够激发学生的主动学习欲望，通过引导、提问、讨论等方式，使学生在教学过程中不断参与，形成学生与教师之间的共振。"承"——教学环节衔接：教学的各个部分要有紧密的衔接，确保知识点之间、活动之间的过渡流畅，使整个课程构建一个有机的整体。"转"——过渡转化有起伏：××教学过程中的过渡转化要有变化和起伏，不宜单调，通过巧妙的安排，让学生在学习过程中产生愉悦感，增强学习的积极性。"合"——课程结束留有深刻印象：××教学结束部分要留下深刻的印象，通过总结、回顾、展望等方式，使学生对所学知识有更深刻的理解，并激发学生对未来学习的兴趣。这四个基本特征反映了在课堂教学中师生互动的行为，展现了学科教学的动态性和灵活性。体育课堂教学要善于创新，通过巧妙的设计和安排，使整个教学过程更加生动有趣，激发学生的学习兴趣和主动性。

好的开端确实是成功的一半，而课堂导入阶段在教学中的重要性不可忽视。一个科学、合理、有效的导入能够引起学生的兴趣，激发他们的学习动机，为后续的教学活动奠定良好基础。在设计导入阶段时，教师可以考虑以下几个方面：

要充分考虑学生的实际情况和兴趣。导入的内容应与学生的生活经验和兴趣相关，以引起他们的共鸣。这有助于拉近教学内容与学生的距离，使学生更容易进入学习状态。可以采用引人入胜的教学资源。这可以是一个引人注目的视频片段、一幅生动有趣的图片，或是一个引人深思的问题。通过巧妙运用多媒体和教学资源，能够让学生在轻松愉快的氛围中进入学习状态。教师在导入阶段要注重与学生的互动。可以通过提问、小组讨论等方式，让学生参与到教学中来，使他们成为课堂的主体。这有助于培养学生的合作精神和积极参与的态度。导入阶段的设计要符合整堂课的教学目标。导入不是单纯的引入话题，更应该为后续教学活动做好铺垫，使学生对整个学习过程有清晰的认识和期望。通过科学的导入设计，教师可以在课堂一开始就激发学生的学习兴趣，为后续的教学创设有利条件，提高整堂课的教学效果。

（二）体育教学捕捉资源：求异、创新

1. 求异

"求异"在教学中的应用确实是推动学生学习的一种有效方式。教师的创新和独特设计能够激发学生的兴趣，提高他们对知识的关注度。在体育教学中，特别需要注重"求异"的方法，使每堂课都充满新意，激发学生对体育运动的热情。体育教师可以通过创新的教学方法来实现"求异"。例如，引入新颖的体育游戏、运动技巧训练等，让学生在不断尝试中体验乐趣，同时提高运动技能。这样的"求异"不仅能激发学生的学习兴趣，还能培养他们的创新精神和实践能力。组织多样性的教学活动也是实现"求异"的有效途径。可以通过户外探险、团队合作等形式，使学生在不同环境和情境下锻炼身体，培养团队协作精神。这种多元化的教学活动能够让学生在参与中体验到"求异"带来的新鲜感和挑战，激发他们更积极地投入到学习中。注重个性化的教学设计也是实现"求异"的重要手段。了解每个学生的特点和兴趣，因材施教，使每个学生都能在体育学习中找到自己的乐趣和动力。这样的差异化教学既能满足学生个体差异，又能让整个教学过程更加多样和富有创意。"求异"是体育教学中重要的理念，通过教师的创新设计、多样性活动和个性化教学，能够使学生在体育学习中体验到更多的乐趣和成就感。

2. 创新

"创新"在体育教学中可解释为求实与求活的统一。当体育教师临场开始授课时，就像一位导游进入工作状态，随时可能产生自己的情感、直觉、兴致、灵感等，因此需要具备随机应变的能力，现场发挥。这种即兴的发挥就是对原教学计划预设的创新，是顺应教学情境的自然或必然之举，能够在教学中收到锦上添花的效果。创新的发挥看似简单，实际上并不容易，它依赖于教师长期积累的知识和经验，以及对思维灵感的敏感。体育教学中的"创新"即体现了科学再现教学内容（求实）与丰富变化教学艺术技巧（求活）的统一。这种创新是高效展开教学任务的关键。善于创新的教师不仅注重选择和灵活运用教学方法，更关注于激活学习主体的情境，将教学呈现为一首跃动的乐曲、一幅生动的画卷。正如中国教育家苏灵扬所说："教师之所以被称为艺术家，是因为教师的劳动本身就是创造，而且比艺术家的创作更富创造性。"同时，也体现了孟子的观点："博学而详说之，将以反说约也。"在教学中，教师的创新不仅包括对教学内容的创新，更涉及对教学方法、手段的巧妙运用，以及对学生个体差异的灵活应对。创新使得教学过程更富有活力，能够更好地引导学生的学习兴趣，提高学习效果。因此，体育教学中教师的创新能力被视为一项重要的素养，有助于推动教育不断向前发展。

（三）体育教学科学导入：有效建构

课堂教学结构本身被视为一个系统，其中教学的目标、内容和方法相互联系、相互作用。在教育学家巴班斯基的观点中，他将教学过程看作一个系统，认为教学包括教学目标和任务、教学内容、教学方法、教学组织形式以及教学结果等多个要素。这些结构成分相互关联，构成一个有机的整体系统。他明确指出："要使教学最优化，就必须以辩证的系统方法看待教学过程。辩证的系统观点要求将教学过程的所有成分、师生活动的内外条件都看成相互联系的东西，并自觉地从中选择在当前条件下教学任务、内容、形式和方法的最佳方案。"辩证的系统观点要求我们将教学过程的各个组成部分视为相互联系的整体，而不是孤立的因素。这包括了教学目标、教学内容、教学方法、教学组织形式等方面的有机结合。在这个系统中，各个因素相互作用，相互影响，共同构成了一个协调一致的整体。教学目标作为系统的一个要素，需要与教学内容和教学方法相协调。教学目标的设定直接影响到教学内容的选择和教学方法的运用。如果目标设定不明确或与内容、方法不协调，教学系统就会失去平衡，难以实现最优化。教学内容作为系统的另一个要素，需要与教学目标和方法相互匹配。

内容的选择应当符合教学目标，同时适应采用的教学方法，使得学生能够在实际操作中更好地达到预期的目标。教学方法作为系统中的一个组成部分，需要与教学目标和内容相互协调。不同的目标和内容可能需要采用不同的教学方法，因此在系统中，方法的选择要与目标和内容相适应，确保整个系统的协调运作。教学组织形式作为系统中的一个环节，也需要与其他要素相协调。合理的组织形式可以更好地促进教学目标的实现，使得教学内容更易于理解和掌握，同时与采用的教学方法相匹配。教学结果作为整个系统的反馈，对于优化教学过程至关重要。通过对教学结果的评价，可以不断调整和改进教学目标、内容、方法以及组织形式，使整个系统更加完善。辩证的系统观点要求我们以整体的、相互联系的方式看待教学过程中的各个组成部分，确保它们相互协调、相互促进，从而实现教学的最优效果。如果不采用系统观点，教与学行为之间就会发生冲突，教学目标难以达成，学习也难以发生。因此，在设计和实施课堂教学结构时，教师需要思考这些因素之间的相互关系，以确保整个系统能够有效运作。

二、教授阶段的体育教学设计

美国教育家指出："掌握事物的结构，就是以允许许多别的东西与它有意义地联系起来的方式去理解它。简单地说，学习结构就是学习事物是怎样相互关联的。"这一命题指出，要避免因不同的操作混合在一起的训练造成学习困难和混乱，就要与学习的个人意愿联系，进行结构化的选择与运用。以活动为线索组织教学内容，使课堂教学进度上的结构性与学习者认知结构同步，是课堂教学实施的着力点。教学不是按照教材上的学习内容排列顺序，按部就班地匀速进行，而是要科学地设计教学情境，对学习内容进行组块的"信息加工"，引导学习者向认知特点靠拢，让学习者在愉悦的体育练习活动中形成知识的认知结构。

近年来，国际教育界已经尝试设计了许多新型的课型方式，既有理科，也有文科，值得大家借鉴。从方法上看，主要有下列几种：

1. 以某一学科为中心组织教学内容。

2. 以概念为中心组织教学内容，主要根据一些基本的科学概念，如，生命、物质、进化等。

3. 以科学的研究方法和过程为中心组织教学内容，比如，观察、实验、测量等。

4. 以主题为中心组织教学内容，比如，以"水"为主题的教学内容。

5. 以环境科学为中心组织教学内容。

（一）体育教学科学的逻辑思维和情感的形象思维相结合

美国教育家指出："掌握事物的结构，就是以允许许多别的东西与它有意义地联系起来的方式去理解它。简单地说，学习结构就是学习事物是怎样相互关联的。"这一命题强调了对于学习内容的结构性理解，即通过了解事物的相互关联方式来更好地掌握知识。为了避免学习困难和混乱，必须将学习内容与学习者的个人意愿联系起来，并进行结构化的选择与运用。在教育实践中，以活动为线索组织教学内容是一种有效的方式。这意味着教学应当以学生的实际活动为出发点，通过有意义的活动来组织和呈现教学内容。与简单地按照教材上的学习内容排列顺序不同，这种方法注重学生的参与和体验，使课堂教学更富有生命力。结构化选择与运用教学内容是为了更好地适应学习者的认知结构。通过引导学习者在体育练习活动中形成知识的认知结构，教学可以更贴近学生的认知特点，使学习变得更为愉悦和有效。课堂教学的实施不应仅仅按照教材的顺序进行，而应考虑学生的实际情境和认知结构。通过以活动为线索组织教学内容，结构化选择与运用教学内容，可以更好地激发学生的学习兴趣，提高学习效果，使学习更加深入和有意义。这也符合布鲁纳所强调的学习结构的概念。

奥苏贝尔和罗杰斯提出的关于学习的两种观点，分别突出了认知结构和个人意愿两个方面，呈现了两种不同的学习理念。奥苏贝尔关注学习过程中认知结构的形成，强调教学任务、过程、方法以及形式在知识传递和学习者认知结构之间的关系。与此相反，罗杰斯则更注重唤起学习者的个人意愿，强调学习者的准备状态和情感体验。奥苏贝尔的观点聚焦于教学的组织和形式，通过对教学任务和过程的精心设计，使得学习者更容易理解和吸收知识。他关注的是学习的系统性和结构性，着眼于知识的有序传递。但这一观点可能会忽视情感的影响，因为情感在认知过程中具有重要作用。罗杰斯的观点更强调学习者的个体差异和主观体验。他认为学习不仅仅是对知识的简单积累，更在于培养学会学习的能力，实现知情合一，感受各种经验。然而，这种强调情感和个体经验的观点可能忽视了科学逻辑思维在认知过程中的作用。有效的学习可能需要科学逻辑思维和情感形象思维的结合。大脑中的学习区域涉及认知、策略和情感，因此，教学应该关注学习者的认知结构同时激发他们的情感体验。在课堂教学中，奥苏贝尔和罗杰斯的理念都值得借鉴，实现对学生全方位的关注与引导。

（二）学习的个人意愿与合作学习、集体对话相结合

（1）教学设计的关键在于与学习的个人意愿相紧密联系，激发学生的学习动机和兴趣，引发积极的学习"应激"。学习的个人意愿是教学效果的决定性因素之一。即使学生参与了课堂的讨论和练习，如果教学内容缺乏对他们个人意愿的"应激"，学习仍然可能是无效的。在教学设计中，教师应该考虑到学生的个体差异和需求，确保教学内容能够引发学生内在的兴趣和认知需求。学习的个人意愿不仅仅是知识的获取，更涉及学生对所学知识的价值认知、与个人经验的连接以及对未来应用的期望。因此，教学设计需要以学生为中心，关注他们的背景、兴趣、职业规划等方面，使教学内容与学生的个人意愿相契合。通过引发学习的个人意愿，教学可以激发学生的主动性和参与度，使其更加投入学习过程。这种"应激"不仅促进了学生对知识的深入理解，还培养了他们对学习的自主性和主动性，从而提高了学习的有效性。在教学设计中，注重个性化、情感化的元素，能够更好地激发学生的学习兴趣，使学习过程更为丰富和有深度。

（2）教学设计的关键在于与学习的个人意愿相紧密联系，激发学生的学习动机和兴趣，引发积极的学习"应激"。学习的个人意愿是教学效果的决定性因素之一。即使学生参与了课堂的讨论和练习，如果教学内容缺乏对他们个人意愿的"应激"，学习仍然可能是无效的。在教学设计中，教师应该考虑到学生的个体差异和需求，确保教学内容能够引发学生内在的兴趣和认知需求。学习的个人意愿不仅仅是知识的获取，更涉及学生对所学知识的价值认知、与个人经验的连接以及对未来应用的期望。因此，教学设计需要以学生为中心，关注他们的背景、兴趣、职业规划等方面，使教学内容与学生的个人意愿相契合。通过引发学习的个人意愿，教学可以激发学生的主动性和参与度，使其更加投入学习过程。这种"应激"不仅促进了学生对知识的深入理解，还培养了他们对学习的自主性和主动性，从而提高了学习的有效性。在教学设计中，注重个性化、情感化的元素，能够更好地激发学生的学习兴趣，使学习过程更为丰富和有深度。

参考文献

[1] 李君. 体育教学中美育渗透教育的实施途径与对策研究 [J]. 赤峰学院学报（科学教育版），2011，3（11）：185－186.

[2] 蔡海春. 新课程理念下体育教学设计思考 [J]. 湖北体育科技，2014，33（07）：641－642＋578.

[3] 唐大鹏. 人本主义视角下高校体育教学设计及应用 [J]. 体育科技，2016，37（06）：137－138.

[4] 吴桥；刘桂云. 指向学科核心素养的体育教学大单元建构 [J]. 教育理论与实践，2020，40（23）：59－61.

[5] 刘媛. "立德树人"背景下的小学体育课堂教学改革初探 [J]. 当代体育科技，2020，10（11）：8－9.

[6] 王政. 基于核心素养的高中体育教学设计与实施 [J]. 当代体育科技，2019，9（31）：79－80.

[7] 乔静然. 基于新课程标准的石家庄市初中体育教学设计研究 [D]. 河北师范大学，2015.

[8] 王莹玖. 分层教学法在高中体育教学中的应用策略 [J]. 试题与研究，2023，（36）：16－18.

[9] 张娟. 基于创新角度的小学体育教学实践研究 [J]. 试题与研究，2023，（36）：48－50.

[10] 胡爽. 信息科技与教育教学深度融合的探索 [J]. 天津科技，2023，50（S1）：103－107.

[11] 段云霞. 基于"双减"政策和核心素养的初中英语课程资源整合实践 [J]. 学周刊，2023，（27）：109－111.

[12] 王凤，狄依凡，齐芳. 基于微信公众平台的体育微课教学效果研究 [J]. 中国多媒体与网络教学学报（上旬刊），2023，（08）：19－22.

[13] 李钦. 线上线下混合式教学模式在初中体育课中的设计与行动研究 [D]. 天津体育学院，2023.

[14] 胡秀林. 核心素养视角下中职体育课堂教学策略 [J]. 西部素质教育，2023，9（22）：97－100.

［15］何鹏. 基于学生体能发展的初中体育教学探究［J］. 学周刊，2023，（35）：157
　　　－159.

［16］杨芳. 我国体育课程改革困境与发展策略研究［J］. 武术研究，2023，8（11）：
　　　143－145.

［17］孙苏成. 核心素养导向下的小学体育与健康教学［J］. 江西教育，2023，（43）：
　　　83－84.

［18］张恒. 体教融合视角下，体育教师的整合与培养［J］. 教育家，2023，（43）：29
　　　－30.

［19］唐莺. 传统体育文化与课程思政的有机融合路径研究［J］. 大学，2023，（30）：
　　　87－90.

［20］彭志芳. 基于学科融合视域下的小学体育课堂教学策略分析［J］. 教学管理与教
　　　育研究，2023，（20）：123－125.

［21］何海银；杨冰冰. 素养导向下的小学新时代劳动教育的设计与实践［J］. 小学教
　　　学研究，2023，（30）：27－29.

［22］赵云龙，孙楚宁，赵峰. 中华体育精神的课程思政价值及教育实践路径［J］. 长
　　　春师范大学学报，2023，42（10）：112－115.

［23］袁茵. 立德树人视域下课程思政助力体育课程建设的路径研究［J］. 才智，
　　　2023，（30）：33－36.